东南大学校级规划教材

多模式交通系统出行行为分析
Travel Behavior Analysis in Multimodal Transportation Systems

李大韦　宋玉晨　曹　奇　著

东南大学出版社
SOUTHEAST UNIVERSITY PRESS
·南京·

内容提要

随着城市化进程的加快和人口的增长，交通拥堵、环境污染和资源浪费等问题日益突出。为了解决这些问题，多模式交通系统应运而生，并成为现代城市发展的重要方向之一。多模式交通系统以其多样性和灵活性，为人们提供了更为便捷、高效、环保的出行方式，但也引发了复杂的出行行为模式。因此，深入分析多模式交通系统出行行为，探讨其应用和影响，对于城市交通规划和政策制定具有重要意义。本书将深入探讨多模式交通系统出行行为的复杂性、分析方法和应用，希望能够为城市交通研究和实践提供有益的参考和指导，共同推动城市交通系统的可持续发展。

本书聚焦多模式交通系统出行行为分析及应用，从基于活动的出行需求建模、城际出行行为参数标定、多模式路径选择行为分析、基于活动的多模式交通网络承载力分析等方面展开。本书可供交通运输管理与规划等专业的高校师生和研究人员参考。

图书在版编目(CIP)数据

多模式交通系统出行行为分析 / 李大韦，宋玉晨，曹奇著. -- 南京：东南大学出版社，2024.9. -- ISBN 978-7-5766-1625-5

Ⅰ. U491.2

中国国家版本馆 CIP 数据核字第 20248Q7P76 号

责任编辑：丁　丁　　责任校对：子雪莲　　封面设计：王　玥　　责任印制：周荣虎

多模式交通系统出行行为分析
Duomoshi Jiaotong Xitong Chuxing Xingwei Fenxi

著　　者	李大韦　宋玉晨　曹　奇
出版发行	东南大学出版社
出 版 人	白云飞
社　　址	南京市四牌楼2号（邮编：210096　电话：025-83793330）
经　　销	全国各地新华书店
印　　刷	广东虎彩云印刷有限公司
开　　本	700 mm×1000 mm　1/16
印　　张	10.5
字　　数	182 千字
版　　次	2024年9月第1版
印　　次	2024年9月第1次印刷
书　　号	ISBN 978-7-5766-1625-5
定　　价	68.00元

本社图书若有印装质量问题，请直接与营销部联系，电话：025-83791830。

前 言
Preface

多模式交通系统是一种综合了多种交通方式的系统,包括步行、自行车、公共交通、私家车、共享出行和新兴交通方式等。这些交通方式相互协调,为居民提供了各种各样的出行选择。多模式交通系统不仅可以提高出行的便捷性,还能降低对环境的不良影响,减少资源消耗,推动城市可持续发展。

本书从多模式交通系统出行行为分析出发,研究需求预测问题、路径选择行为及网络建模问题。主要内容为:(1) 针对多源异构的交通出行方式数据,运用分层、聚合与时空地理位置集成等技术,分析了不同方式数据在时空上的分布特征,并完成区间出行的方式阻抗构建。对于手机信令数据,基于层次聚类算法对停留轨迹进行划分,并结合停驻点的时空分布以及访问频率,完成了手机信令数据的人员出行OD(起终点)修复。在此基础上,基于随机森林与规则的方法,为手机信令的数据赋予活动出行语义,构成基本的活动出行链。(2) 基于模型结构无关的机器学习可解释方法,对各个基于机器学习的模型进行解释。基于Shapley值,可以从个体层面看到各个特征对个体预测结果的作用力,也能从总体把握不同特征对预测结果的影响,并通过特征交互图分析不同特征间的交互影响。基于深度神经网络的模型结构,计算深度神经网络中的经济信息,从选择概率、选择方案、方案替代属性等方面对神经网络进行可解释分析,表明其结构中蕴含着与离散选择模型相似的经济信息,并在宏观层面对各个模型进行校核与精度评估。(3)在基于活动的出行需求预测模型基础上,结合人口生成技术以及多智能体微观模拟仿真技术,提出了上衔人口生成、下接个体仿真的基于活动的出行需求的实际运用模型框架,为 ABM(基于活动的需求建模)的实际落地提供保障。(4)从活动建模的角度出发,对传统的网络承载力评估方法进行活动层面的拓展,提出了网络活动承载力的概念,并通过算例说明网络活动承载力评估的价值与特征,证明了所提出概念的合理性与优越性,为活动承载力模型的构建提供理论支撑。

  本书是笔者近年来在相关领域的主要研究成果总结。感谢邱树荣、刘一平所提供的指导和帮助,以及张博闻、周旋、张映、石嘉俊等在撰写本书过程中提供的帮助。

  限于笔者水平,书中难免存在不足之处,恳请广大读者批评指正。

目 录
Contents

第 1 章　绪论 ··· (1)
  1.1　出行需求预测模型发展趋势 ··· (1)
  1.2　多模式交通系统出行行为分析及应用 ··························· (2)
  1.3　本书内容及结构 ··· (3)

第 2 章　城市居民多模式出行特征提取与活动出行链重构 ·········· (5)
  2.1　概述 ··· (5)
  2.2　基于多方式数据的区间阻抗提取 ································· (6)
  2.3　基于手机信令数据的出行 OD 修复与活动出行链重构 ····· (8)
  2.4　基于土地利用数据的小区属性计算 ····························· (13)
  2.5　本章小结 ·· (14)

第 3 章　城市多模式网络活动出行链建模与选择行为分析 ·········· (16)
  3.1　概述 ·· (16)
  3.2　基于活动的出行需求预测模型构建 ····························· (17)
    3.2.1　基于活动的模型分析理论 ································· (17)
    3.2.2　基于活动的模型框架 ······································· (18)
    3.2.3　模型特征变量选择 ··· (23)
    3.2.4　模型的基本特征 ·· (25)
  3.3　基于机器学习方法的模型可解释性研究 ······················ (25)
    3.3.1　机器学习的可解释性 ······································· (25)
    3.3.2　机器学习的解释方法 ······································· (26)
    3.3.3　深度神经网络与随机森林的可解释性分析 ········· (29)

3.4 模型验证与评估 ·· (32)
   3.4.1 模型验证样本构建 ···································· (32)
   3.4.2 模型的整体精度评估 ·································· (36)
   3.4.3 模型参数标定 ·· (45)
3.5 本章小结 ·· (46)

第4章 城际区域多模式链式出行行为分析 ························ (48)
4.1 概述 ·· (48)
4.2 基于随机用户平衡分配的多模式交通分配模型 ················ (49)
   4.2.1 相关理论 ·· (49)
   4.2.2 分配模型构建流程 ···································· (50)
4.3 基于SPSA的出行行为模型参数标定 ··························· (58)
   4.3.1 SPSA算法基本原理 ···································· (59)
   4.3.2 标定参数选取 ·· (60)
   4.3.3 目标函数 ·· (60)
   4.3.4 参数标定方法设计 ···································· (61)
4.4 本章小结 ·· (63)

第5章 考虑广义路径重叠的城市多模式路径选择行为分析 ········· (64)
5.1 概述 ·· (64)
   5.1.1 相关研究 ·· (65)
   5.1.2 目标与贡献 ·· (67)
5.2 基于多模式超级网络的组合路径构建 ························· (67)
   5.2.1 组合路线选择 ·· (68)
   5.2.2 广义路径重叠 ·· (69)
5.3 考虑广义路径重叠的多层次混合Logit选择模型 ················ (70)
   5.3.1 路径选择模型的超级网络表述 ························· (70)
   5.3.2 多层次混合Logit模型 ·································· (71)
5.4 实证案例 ·· (73)
   5.4.1 超级网络表述 ·· (73)
   5.4.2 模型参数 ·· (76)
   5.4.3 路径选择预测 ·· (77)
5.5 本章小结 ·· (79)

第6章 基于仿真的出行活动需求与动态交通分配融合 (80)
6.1 概述 (80)
6.2 人口生成理论 (80)
6.3 基于仿真的 ABM 与动态交通分配迭代融合 (83)
6.3.1 动态交通分配 (83)
6.3.2 基于 MATSim 的 ABM-DTA 迭代融合 (85)
6.4 实证案例 (87)
6.4.1 重庆限号政策 (87)
6.4.2 限号政策案例施行过程 (88)
6.4.3 限号政策案例结果分析 (90)
6.5 本章小结 (98)

第7章 基于双层规划的城市多模式网络活动承载力建模 (99)
7.1 概述 (99)
7.2 多模式时空活动出行路径 (99)
7.3 动态多模式网络活动承载力建模 (102)
7.3.1 动态多模式网络活动承载力模型构建 (102)
7.3.2 求解算法 (111)
7.4 基于活动承载力的网络设计 (113)
7.4.1 问题描述 (114)
7.4.2 基于活动承载力的网络容量设计模型 (115)
7.4.3 求解算法 (117)
7.5 实证案例 (122)
7.5.1 算例网络 (122)
7.5.2 静态网络活动承载力分析 (128)
7.5.3 动态网络活动承载力分析 (133)
7.5.4 基于活动承载力的网络设计 (140)
7.6 本章小结 (145)

第8章 总结与展望 (146)
8.1 研究总结 (146)
8.2 研究展望 (147)

参考文献 (149)

第1章 绪 论

1.1 出行需求预测模型发展趋势

伴随着新型城镇化的深入推进,城市空间总体上已由增量发展向存量优化过渡,城市规模的不断扩大、人口的快速集聚与汽车保有量的迅猛增长,使得城市交通机动化成为必然的发展趋势。这种高速、非均衡的机动化出行需求增长在促进城市交通飞速发展的同时,也给城市带来了以交通拥堵为代表的诸多问题。近年来,交通拥堵已经成为制约我国城市社会可持续发展的主要瓶颈,并导致交通事故率上升、环境污染加剧等,直接影响国计民生,给国家交通强国、节能减排与新型城镇化战略的实施带来了严峻的挑战,迫切需要解决。

早期交通规划以提供足够的交通基础设施、满足长期的出行需求为目的,它是以供应为导向的过程,其周期长。交通需求建模的功能则是在特定交通供给条件下对总出行需求进行统计预测,在过去几十年间,随着出行需求的激增,道路空间条件受限,增加交通设施很困难,从而导致了交通系统的可持续性变差,产生交通拥堵、碳排放过多等问题。因此,在当下,交通规划的目的演变为在有限的交通供给下管理出行需求,它以短期的政策规划为主。而不论是开展交通规划,还是制定相应管理政策或措施,都离不开出行需求预测,如何构建一个有效、高效、对政策敏感的出行需求预测模型一直是交通规划中的重点与难点。

出行需求预测模型最为人知的便是传统的四阶段模型,但其诸多的局限性导致其不能满足现阶段的交通规划需求。四阶段模型的主要局限性在于:它基于统计学理论,以交通小区为基本分析单元,模型缺乏完整性,未考虑人的行为约束,并假设各个步骤之间相互独立,因此无法捕捉出行或出行链之间的依赖关系。基于时空相互作用的非线性关系,其高度聚合性将导致预测结果的显著偏差。而基于活动的出行需求建模(Activity Based Modeling,ABM)以家庭或者个人为基本分析单元,直接应用于日常的活动链需求预测,其假设人们为了参加活动而出行,并考虑了时空、个人行为、家庭环境、政策制度等约束,保证了模型的完整性以及出行或出行链之间的相关性。基于ABM可以进行政策的敏感性分析,包括需求管理措施(拥挤收费、停车收费)、公交优先政策、土地利用政策、环境资源政策等。

目前,关于ABM的研究汗牛充栋,依据方法主要可分为三类:基于约束的模型、基于效用的模型、基于计算过程的模型。但其实际应用却主要集中在美国与欧洲,国内相关的应用则几乎没有,导致中国与世界的脱轨。而直接借鉴或运用国外较为成熟的ABM软件,又将出现仿真场景水土不服、仿真结果精度不足的问题。这与中国国情复杂,社会、经济、文化、环境与国外具有显著差异,不同城市发展状况参差不齐等中国特色场景有关。因此,剖析我国社会、城市、交通系统以及交通参与者的特征,针对我国城市交通系统规划、设计与调控的具体业务需求与特色场景集成构建具备中国特色的本土化ABM活动链模型具有重要意义。

同时,伴随着"互联网+交通"、计算机等技术的快速发展与应用,每个人的出行都将产生大量的数据,并被GPS设备、智能手机、卡口闸机等工具所记录。一方面,挖掘并生成大量更高时空精度的数据,将有助于交通规划者了解个人如何安排他们的出行,获取城市交通系统更深层次的特征与规律,以提高城市的流动性和可达性。另一方面,依托交通数据层面的革新,ABM将能进一步提升交通解决方案的科学性与可行性。另外,机器学习、深度学习、人工智能等新兴方法也为ABM的构建注入了新的活力,ABM由于较高的预测准确率获得诸多学者的青睐,并被广泛地运用到交通领域。

1.2 多模式交通系统出行行为分析及应用

随着城市化进程的加快和人口的增长,交通拥堵、环境污染和资源浪费等问题日益突出。为了解决这些问题,多模式交通系统应运而生,并成为现代城市发展的重要方向之一。多模式交通系统以其多样性和灵活性,为人们提供了更为便捷、高效、环保的出行方式,但也引发了复杂的出行行为模式。因此,深入分析多模式出行行为,探讨其应用和影响,对于城市交通规划和政策制定具有重要意义。

多模式交通系统是一种综合了多种交通方式的系统,包括步行、自行车、公共交通、私家车、共享出行和新兴交通方式等。这些方式相互协调,为居民提供了各种各样的出行选择。多模式交通系统不仅可以提高出行的便捷性,还能降低对环境的不良影响,减少资源消耗,推动城市可持续发展。

多模式交通系统出行行为的复杂性源于多种因素的相互影响。首先,个体因素在出行选择中扮演重要角色,包括出行目的、时间限制、经济能力、出行偏好等。其次,城市环境因素也会影响多模式交通系统出行行为,例如道路质量、交通设施、出行距离等。此外,社会文化因素和政策因素也会对多模式交通系统出行行为产生深远影响。深入研究多模式交通系统出行行为的复杂性,对于更好地理解和预测居民出行模式至关重要。

从制定交通政策的角度出发,在已建设的城市交通系统中,除了需要从个人的角度对出行特征进行分析,对交通系统整体的性能亦需有一个准确的评价指标。交通网络承载力也即交通网络容量,是从整体的角度对交通系统能满足的居民出行需求进行评估,其反映了已建系统满足出行需求的上限,也表达系统尚可被开发的潜力,可以为未来的交通政策的制定提供参考。对于交通网络承载力的研究,当前所使用的评价标准大多是基于集计的不同OD(起终点)数量累加,虽然依照OD组成结构设定了限制条件,但是其依然只是在传统四阶段法体系下的理论延伸,并不适应于基于活动的个人精细化交通评价体系,因而,如何在活动建模的背景下对交通网络承载力进行评估是亟须解决的问题。

多模式交通系统出行行为的研究不仅有助于深入了解城市居民的出行行为,还可以在多个领域中应用。首先,可以借助交通系统多模式出行行为分析来优化城市交通系统,提高交通效率,减少拥堵和环境污染。其次,多模式交通系统出行行为分析可以为共享出行和新兴交通方式的发展提供指导,促进城市交通的创新。此外,多模式交通系统出行行为分析还可以在城市设计、土地利用规划、交通诱导等领域发挥作用。

多模式交通系统的发展给城市交通带来了更多的选择和便利,也产生了多样化的出行行为模式。深入分析多模式交通系统出行行为及其应用是提高城市交通系统效率、减少环境影响、提高居民生活质量的重要一步。本书将深入探讨多模式交通系统出行行为的复杂性、分析方法和应用,希望能够为城市交通研究和实践提供有益的参考和指导,共同推动城市交通系统的可持续发展。

1.3 本书内容及结构

本书聚焦多模式交通系统出行行为分析及应用,主要内容包括基于活动的出行需求预测建模、城际出行行为参数标定、多模式路径选择行为分析、基于活动的多模式交通网络承载力分析等。

多模式交通系统出行行为分析在第 2—5 章进行。第 2 章介绍了多方式数据（公交地铁刷卡、道路卡口、网约车订单等数据）的处理与挖掘，实现了居民多模式出行特征提取与活动出行链重构。第 3 章提出了基于活动的出行需求预测模型框架，并融合了可解释性机器学习的概念，提出长期选择层、活动链生成层和单次出行层的建模流程。第 4 章以区域出行为背景，从多模式路网构建、交通分配、参数标定三方面构建了基于链式出行的多模式交通系统模型框架。第 5 章着重针对广义路径重叠和出行方式重叠问题，提出了基于逻辑核密度的多模式路径选择模型。

多模式交通系统出行行为应用在第 6—7 章进行论述。第 6 章从仿真层面介绍了出行行为建模与交通分配的迭代过程，以限号政策为例介绍了行为模型在政策评估方面的应用。第 7 章从双层规划层面介绍了多模式活动出行行为与动态交通网络融合建模过程，提出了描述动态活动用户均衡问题的变分不等式模型，并以此为基础，构建动态多模式网络活动承载力模型并结合实例进行网络结构的设计优化。

本书结构如图 1.1 所示。

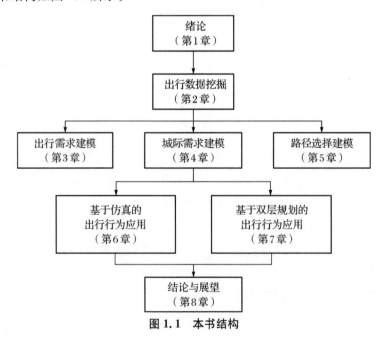

图 1.1 本书结构

第 2 章　城市居民多模式出行特征提取与活动出行链重构

2.1　概述

本章主要内容是多方式数据处理。首先针对多方式数据进行处理与融合,对公交与地铁刷卡数据、道路卡口、网约车订单数据等多源数据进行了处理与提炼,为了提高小区间的差异度,为模型的识别提供更多的信息,且充分利用现有数据,分别将公交与地铁模式、网约车与私家车模式的小区间时间阻抗和可达性进行组合,由于特定 OD 对下不同模式的样本数量不一致,因此采取加权平均的方式,分别得到公共交通和小汽车两种模式下的小区间时间阻抗和可达性。

手机信令数据作为现代最有潜力的一类大数据之一,有着覆盖人群范围广、时空完整性高的独特优势,基于手机信令数据的独特优势,利用手机信令数据对居民活动出行链进行识别。首先需要对停驻点就近识别,基于层次聚类算法对停留轨迹进行划分,进行连续轨迹的间距凝聚,并通过迭代合并的方式对切分点进行校核,确定合适的停留次数。针对手机信令数据进行出行 OD 的修复,得到用户的出行序列点,得到出行 OD 后,还需要赋予活动出行语义生成活动出行链,主要包括对活动点之间出行方式的识别以及活动点出行目的的识别,最终实现手机信令数据的活动出行链重构。

手机信令数据可以用于识别活动出行链,并计算小区内各活动的访问强度。最后基于土地利用数据进行小区的土地利用属性计算,以上皆作为后续模型的数据基础。

2.2 基于多方式数据的区间阻抗提取

本小节旨在对公交刷卡数据、地铁刷卡数据、网约车订单数据、私家车卡口数据和出租车 GPS(全球定位系统)数据进行预处理,并基于此得到交通小区间的阻抗与可达性。

首先,对原始数据进行删、筛、填充等数据清洗预处理,并对各模式下的 OD 经纬度进行提取,得到上述五种模式有效数据均在百万条以上,具体地,公交刷卡有效数据 2 204 009 条、地铁刷卡有效数据 2 185 056 条、网约车订单有效数据 1 035 750 条、私家车卡口有效数据 3 103 988 条、出租车 GPS 数据 1 818 770 条。基于需求以及减少计算机资源的浪费,在数据的若干字段中主要保留起讫点的经纬度坐标以及时间戳。其次,由于公交刷卡数据、地铁刷卡数据、私家车卡口数据和网约车订单数据来源不同,其时空分布也有所差别,为了把握数据的整体分布,这里先对不同方式对应下的数据质量进行一定分析以及对比。除了网约车以外的四种模式都有两个波峰,且不同模式的波峰时段相近,时间段分别为 7:00—10:00 与 17:00—20:00,对应着重庆市的早晚高峰时段。在高峰时段,四种模式中地铁占比最高,推测在面对高峰时期的道路拥堵路况时,居民更倾向选择地铁。而网约车的时间分布没有明显的波峰与波谷,这是因为网约车车载 GPS 平均每 3 min 记录一个经纬度点,且由于没有载客状态字段,所以未能很好反映网约车的需求时变特征。

由五种模式在空间上的分布,可直观看出出行主要集中分布在中心城区,交通小区在中心城区的划分也更为细致。值得注意的是,从空间分布上来看,地铁刷卡数据和私家车卡口数据比较稀疏,但实际其有效数据量均在 200 万条以上,这是因为地铁站点和道路卡口视频监控等设施空间位置固定且数量相对较少,很多经纬度点的重合导致数据分布的"稀疏"。

其次,上述五种模式的有效数据以时间和经纬度的形式记录了个体的出行阻抗,但由于后续模型的训练都是基于小区间的阻抗,因此需要对个体阻抗进行集计。假设 t_i^m 为方式 m 下个体 i 的行程时间,d_i^m 为方式 m 下个体 i 起始坐标的直线距离,则 $v_i^m = \dfrac{d_i^m}{t_i^m}$ 表征方式 m 下个体 i 的速度;假设 T_z^m 为方式 m 下小区 OD 对 z 的时间阻抗,其中 $z \in \Omega_z$,$\Omega_z = \{z=(o,d); o,d=1,2,\cdots,3044\}$,$D_z^m$ 为方式 m 下小区 OD 对 z 的距离阻抗,V_z^m 为方式 m 下小区 OD 对 z 的可达性,则:

第2章 城市居民多模式出行特征提取与活动出行链重构

$$T_z^m = \frac{\sum_i \delta_{z,i}^m t_i^m}{\sum_i \delta_{z,i}^m}, \quad \sum_i \delta_{z,i}^m \neq 0 \tag{2-1}$$

$$D_z^m = \frac{\sum_i \delta_{z,i}^m d_i^m}{\sum_i \delta_{z,i}^m}, \quad \sum_i \delta_{z,i}^m \neq 0 \tag{2-2}$$

$$V_z^m = \frac{\sum_i \delta_{z,i}^m v_i^m}{\sum_i \delta_{z,i}^m}, \quad \sum_i \delta_{z,i}^m \neq 0 \tag{2-3}$$

其中，如果方式 m 下个体 i 的起始坐标映射为以交通小区为表征的 OD 对 z，则 $\delta_{z,i}^m = 1$，否则 $\delta_{z,i}^m = 0$。

出租车 GPS 数据的特点，使其计算结果偏差较大，为避免数据偏差带来的不良影响，只选择出租车之外的四种模式，分别计算小区间的时间阻抗与速度可达性指标。通过计算与统计，得到小区间的时间阻抗与速度可达性分布，如图 2.1 与图 2.2 所示，从图中可以看出在小区间地铁的时间阻抗和速度可达性分布最为集中，这是因为地铁独享路权，行程时间与速度都相对稳定。从时间阻抗来说，四种模式在小区间的出行时间主要在 1 h 之内，其中网约车波峰出现在 10 min 左右，推测此模式一般是短距离低耗时。需要注意的是，公交和地铁的时间还包括了候车和进出站时间。从速度可达性来看，四种模式的速度可达性与实际相比可能要低，这是因为速度由距离和时间计算得到，而距离以直线距离作为代表（与实际距离相比较小），时间也包括了候车与进出站时间（与行驶时间相比较长），但这并不影响速度可达性作为小区间的可达性表征。

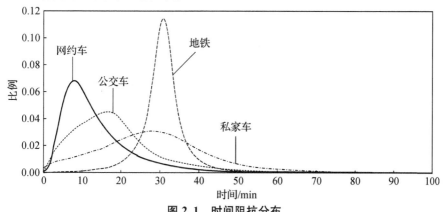

图 2.1 时间阻抗分布

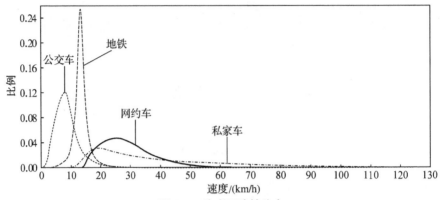

图 2.2 速度可达性分布

上文描述了公交、地铁、网约车和私家车等多源数据的时空分布,可以看出不同模式的数据,其在空间分布上大体一致,但都存在空间分布不均匀的特征,在一些边缘小区甚至是没有数据点的。实际上部分小区间的阻抗与可达性是空值,同时由于这部分小区划分粒度较大,且后续模型并不要求知晓全小区间的阻抗与可达性,因此对这部分小区间的速度以均值填充,时间则等于小区质心间直线距离除以平均速度,以此保证数据的完整性。地铁站点和道路卡口视频监控设施的特性,使地铁刷卡数据和私家车卡口数据虽然有百万以上但其涉及的小区数量稀少,导致地铁与私家车模式下的大部分小区都是被均值填充的。为了提高小区间的差异度,为模型的识别提供更多的信息,且充分地利用现有数据,这里分别将公交与地铁模式、网约车与私家车模式的小区间阻抗和可达性进行组合。由于特定 OD 对下不同模式的样本数量不一致,因此采取加权平均的方式,分别得到公共交通和小汽车两种模式下的小区间阻抗和可达性。其加权平均中的"权"是样本数量。为了便于展示,从中抽取 100 个 OD 对,最终得到两种模式下的小区间时间阻抗与速度可达性的期望线图和分布。

2.3 基于手机信令数据的出行 OD 修复与活动出行链重构

手机信令数据作为现代最有潜力的一类大数据之一,有着覆盖人群范围广、时空完整性高的独特优势。覆盖人群范围广是指除去部分小孩及极少数老人,几乎

第2章 城市居民多模式出行特征提取与活动出行链重构

人人都使用手机,甚至同时使用多个号码。截至 2023 年全国移动电话用户达 17.27 亿户,5G 用户 8.05 亿,因此样本数量巨大。时空完整性主要体现在手机一直伴随用户,完整地记录了用户活动空间。随着移动互联网的发展,手机已经成为用户生活的必需品,是用户与社会联系及获取信息最主要的渠道,一直伴随用户移动。同时,基于其技术特性,手机信令数据也受室外基站定位精度局限,部分基站服务半径较大,定位误差较大,存在基站数据漂移的问题,且信令采样时间间隔不均匀,部分时段由各种原因造成信令间隔较长,时空连续性较差。因此,对手机信令数据的挖掘与运用需要注意:分析尺度不宜过小;不适宜短距离出行与短时间停留的跟踪分析。

基于手机信令数据的特性,可对手机信令数据进行出行活动链的识别。对此,首先需要对停驻点进行就近识别,基于层次聚类算法对停留轨迹进行划分,进行连续轨迹的间距凝聚,并通过迭代合并的方式对切分点进行校核,确定合适的停留次数。对于停留组内的精确停留位置由基于密度的聚类算法(Density-Based Spatial Clustering of Applications with Noise,DBSCAN)的簇核心确定,并记录停留组内精确进入、离开的时间。其次,综合长期(一个月)用户停驻点,结合停留点的时空分布以及访问频率,确定每个用户的活动点以及职住地,如图 2.3 所示。在此基础上得到手机信令数据的人员每日出行修复 OD,其数据字段含义如表 2.1 所示。

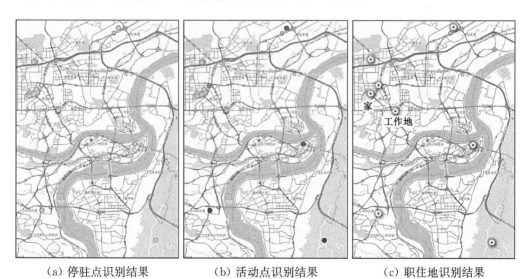

(a) 停驻点识别结果　　(b) 活动点识别结果　　(c) 职住地识别结果

图 2.3　手机信令数据出行活动点识别

表 2.1　人员每日出行修复 OD

编号	字段	数值类型	字段含义
1	手机 ID	字符串型 C	手机(用户)唯一标识 ID
2	统计时间	字符串型 C	OD 计算的日期,YYYYMMDD
3	O 点网格编号	字符串型 C	O 点所在网格编号
4	O 点经度	数值型 N	O 点经度(活动点位置)
5	O 点纬度	数值型 N	O 点纬度(活动点位置)
6	进入 O 点时间	字符串型 C	进入 O 点时间
7	离开 O 点时间	字符串型 C	离开 O 点时间
8	D 点网格编号	字符串型 C	D 点所在网格编号
9	D 点经度	数值型 N	D 点的经度(活动点位置)
10	D 点纬度	数值型 N	D 点的纬度(活动点位置)
11	进入 D 点时间	字符串型 C	进入 D 点时间
12	离开 D 点时间	字符串型 C	离开 D 点时间
13	O 点活动点编号	字符串型 C	O 点活动点编号
14	D 点活动点编号	字符串型 C	D 点活动点编号
15	出行时间	数值型 N	出行时间
16	出行距离	数值型 N	OD 之间的空间直线距离
17	O 的职住类型	字符串型 C	1:home;2:office;0:其他
18	D 的职住类型	字符串型 C	1:home;2:office;0:其他
19	出行编号	字符串型 C	本月出行在用户一天所有出行中的位置序号
20	是否工作日	字符串型 C	是否工作日
21	是否发生弥补	字符串型 C	是否由跨天出行链修复产生

对活动出行链的识别过程包括,利用出行方式数据构建出行方式识别的训练模型,对手机信令数据进行出行目的与方式识别;利用问卷数据初步分析出行特征以确定目的识别规则,生成完整的出行活动链。对于出行方式的识别,本书采用随机森林模型,基于四类出行方式数据,提取出行时段、行程距离、小区间出行方式占比等出行数据,确定方式识别训练模型的输入特征。选取时段而不是行程时间是

第2章　城市居民多模式出行特征提取与活动出行链重构

受手机信令数据本身的特征限制,根据出发时间与到达时间计算的行程时间并不准确,因此在出行目的与出行方式识别中并未考虑行程时间特征。对于距离特征,本书直接采用经纬度点间的直线距离。在前文中可以看出不同出行方式数据涵盖的小区范围有明显差异,因此考虑将小区间出行方式占比作为训练模型特征值之一。将四种出行方式数据进行组合,并利用随机抽样法选取 100 000 组特征数据组成训练集训练随机森林模型,经过网格搜索的超参数优化,最终在决策树的数量为 100、最大树深为 12 时,模型识别精度达到 82%。完成模型训练后,从手机信令数据中提取相关特征并输入模型,得到添加出行方式的手机信令数据。同时,为了保证同一出行链出行方式的逻辑正确性,需要对异常识别结果进行修正:用户当日第一次出行方式为"私家车",则此后出行方式均为"私家车";用户当日第一次方式不是"私家车",则当天不会进行私家车出行,修正该用户当日出行方式中的"私家车"出行。剔除出发地所属小区不包含公交站点或地铁站点但出行方式为"公交车"或"地铁"的出行(约占 4%)。考虑公交与地铁的运营时间,剔除公交与地铁运营时间不合理数据。

对于活动目的的识别,本书首先基于手机信令数据的职住地信息对回家、上班、回单位三种活动目的进行识别:回家,出行者当日第一次到达地为"home";上班,出行者当日第一次到达地为"office";回单位,出行者当日第二次到达地为"office"。其次,基于规则对上学、上班、公务外出等活动目的进行识别。具体规则为:首先,根据问卷调查数据与地块属性数据计算地块属性与活动目的(排除上班、回单位与回家)的联合经验分布;其次,通过条件概率计算活动点落在当前地块下各出行目的的概率,并选取概率最大的三个出行目的;最后,对 3 类出行目的按照到达时刻分布比例排序,若前两位出行目的的比例相差大于 5%,则识别为对应出发时刻比例最大的出行目的。否则,计算问卷数据中每类出行目的的前后出行链中各类出行目的所占比例,选择比例最大的作为出行目的。先根据前一出行链识别,若未成功则根据后一出行链识别。

图 2.4 至图 2.7 分别展示了手机信令数据识别结果(有效数据 20 万)与问卷调查数据在活动起止时间分布、活动目的和交通方式的比例分布。从起止时间分布看到,与手机信令数据相比,问卷调查的活动时间分布较为集中,这可能是由问卷调查数据的小样本偏差导致。活动目的和交通方式的比例两者较为相近,但手机信令数据的分布仍旧要比问卷调查数据分布相对"均匀"。

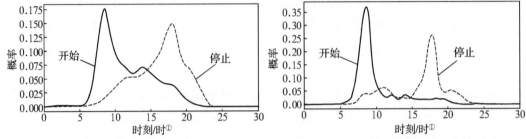

图 2.4　手机信令数据活动起止时间分布　　　图 2.5　居民问卷调查活动起止时间分布

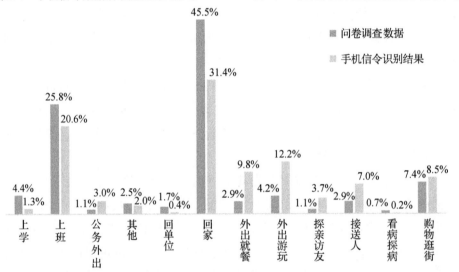

图 2.6　手机信令活动目的识别结果与问卷调查对比

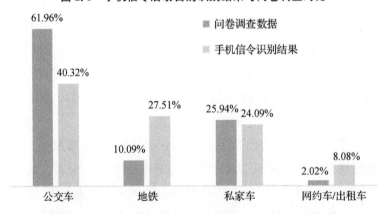

图 2.7　手机信令交通方式识别结果与问卷调查对比

---

① 表示一天中的时刻,超过 24 表示下一天的时刻,负数表示前一天的时刻。后文同类型图同理。

此外,要将手机信令数据用作后续的出行链样本,还需要给手机信令数据赋予个人属性信息。相较于对抗神经网络建模方法来说,本书采取的是随机森林简单方法,诚然前者的准确性可能要更高一些,其基本思路是:由于手机信令数据蕴含着个体的出行信息,因此先基于小样本的问卷调查数据构建起个人属性与出行属性的模型映射关系,再将手机信令数据的出行属性输入模型,从而推断手机信令数据的个人属性。具体地,分别建立随机森林分类和回归模型,以问卷调查数据中的出行目的、出行距离、出行时间、出行方式、出行频次等出行属性为特征,性别、年龄和职业分别为模型标签,再将手机信令数据中的出行属性输入已训练好的模型,输出性别、年龄和职业属性。对于收入特征,本书额外从百度地图 API(Application Programming Interface,应用程序编程接口)爬取重庆房价、经纬度信息,以研究区域的交通小区为分析单元,集计各小区的平均房价,并依据土地性质相似理论,将缺失房价数据的小区用邻近小区房价填充,最后结合用户出行属性特征和居住地房价进行模型的训练。其训练集和测试集准确率或平均绝对误差如表2.2所示。

表 2.2　个人属性的训练集和测试集准确率或平均绝对误差

	性别	年龄	职业	收入
训练集	72.32%	3.48	76.78%	83.26%
测试集	70.12%	4.36	73.56%	79.64%

2.4　基于土地利用数据的小区属性计算

本书选取 2022 年重庆市的地块数据作为基础的土地利用数据,将重庆市地区分为 43 215 个地块,共有交通枢纽、学校、工业、商业、居住等 13 种用地类型。但由于本书的地点选择是以交通小区为基本单位的,因此需要将地块层面的用地属性数据转为交通小区层面。具体地,本书将计算小区内各个用地属性的地块面积之和,并与小区的面积相除,得到小区中各个用地属性的地块占地面积百分比,以此作为小区用地属性的衡量指标,地块在交通小区的分布并不均匀,商业和居住用地主要集中在重庆市中心城区,工业用地则主要分布在重庆市的东西两部和北部地区,而有些小区的地块数量很少,甚至没有相关的地块属性,则相关指标为 0。

在手机信令数据出行活动链识别结果的基础上,可以进行小区各活动访问强度的计算:首先通过经纬度和小区的空间地理匹配,统计小区中各个活动的访问人数。其次,将访问人数除以小区面积,得到各活动下的不同小区中的人口密度,以此作为小区的访问强度指标。在本书中,基于手机信令数据的特点(对于职住地的识别正确性较高,而其他活动的识别正确率较低),将访问强度分为强制性活动访问强度和非强制性活动访问强度。其中,强制性活动主要是指手机信令数据中被识别为上班或者回单位的活动,非强制性活动则是购物娱乐、就餐等其他活动的总和。图2.8分别显示了不同小区的强制性活动访问强度和非强制性活动访问强度,可以看出其分布大体一致:在中心城区不论是强制性活动强度还是非强制性活动强度都是最高的,并逐渐向外围区降低。由强度分布也可以从侧面反映出交通小区的划分是较为合理的:在中心城区访问强度大,小区划分颗粒度小,一些周边地区有效数据较少,小区划分的面积较大。

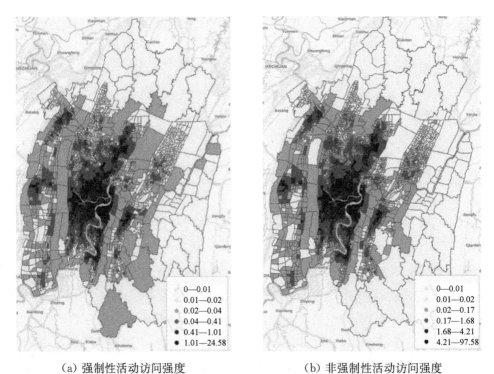

(a) 强制性活动访问强度　　　　　(b) 非强制性活动访问强度

图 2.8　交通小区访问强度/(人/100 m²)

2.5　本章小结

本章对公交刷卡数据、地铁刷卡数据、私家车卡口数据、网约车订单数据等多

第 2 章　城市居民多模式出行特征提取与活动出行链重构

种方式数据进行了处理与提炼,得到区间的方式阻抗。对手机信令数据进行了出行 OD 修复,得到手机用户的出行活动点序列,并通过对其进行出行方式和活动目的识别,实现了手机信令数据的活动出行链重构,再利用随机森林通过出行属性推断手机信令数据的个人属性。最后基于地块数据将土地利用信息纳入交通小区,以体现后续模型中土地利用特征对出行产生的影响。

第3章　城市多模式网络活动出行链建模与选择行为分析

3.1　概述

本章主要内容是基于可解释性机器学习的活动出行链建模。根据过往的模型研究发现，基于活动的模型与人们出行活动安排最为贴合，更能保证出行活动之间的相关性以及一致性。

本章首先对基于活动的出行需求预测模型框架进行了梳理，不论采用何种方法进行 ABM 的构建，完整的模型框架都必然包括活动日程安排（包括活动的顺序、时间和数量等）、目的地选择和方式选择等功能模块。本书基于现有的 3 类主流 ABM 框架[1]，将此次的 ABM 框架分为长期选择层、活动链生成层和单次出行层，且由于是基于机器学习方法进行建模的，因此取名为 L-ABM，得到本书活动出行链模型的基本框架。其次从模型特征变量选择、基本特征和模块结构三个方面介绍本书基于活动的出行需求预测模型体系并详细说明不同模块结构的建模过程及其可解释性。

之后本章基于模型进行了仿真与整体评估。首先构建了模型仿真样本并介绍了完整的个体活动出行的生成流程，其次从集计层面对长期选择层模型、活动链生成层模型和单次出行层模型的精度进行评估，并且在精度评估中发现模型存在两个主要问题：误差累计效应导致部分模型结果偏差较大，以及模型负采样正负样本比例参数设定不合适导致出行需求与实际有偏差。针对问题一，本书在神经网络模型的输出层前添加了一个宏观调控层，以解决误差累计效应问题。针对问题二，通过调节模型中的负采样正负样本比例参数，使得生成的预测需求与实际需求更接近。本章最后基于评估结果进行了模型的参数标定。

第3章 城市多模式网络活动出行链建模与选择行为分析

3.2 基于活动的出行需求预测模型构建

3.2.1 基于活动的模型分析理论

20世纪50年代初美国底特律和芝加哥都市圈提出了交通规划的概念,并在1962年美国芝加哥市发表的 *Chicago Area Transportation Study* 中提出了四阶段交通需求预测法,但由于其存在理论缺陷和集计偏差导致的局限性,逐渐难以适应日益精细化、复杂化的交通需求管理政策决策需求[2]。20世纪70年代,针对其局限性,Rasouli 和 Timmermans[3]提出时空棱柱理论,Chapin 等[4]提出活动参与模式的理论框架,Jones 等[5]提出"活动派生出行"的思想等,基于出行行为理论提出了基于活动的方法,但直到1996年美国的 Bowman 和 Ben-Akiva 提出了一套名为日活动计划的建模框架,ABM 才在实践领域开始取得突破性进展[6]。从四阶段集计模型到基于活动的非集计模型的过程中,也有部分学者提出了基于出行链的出行模型,例如隽志才等提出的基于往返行程模型[7],能够模拟从家到其他多个地点的出行活动,但忽略了在家的活动以及其他出行链。图3.1展示了上述三种不同出行需求预测模型对人们出行的表达能力,可见基于活动的模型与人们的出行活动安排最为贴合,更能保证出行活动之间的相关性以及一致性。

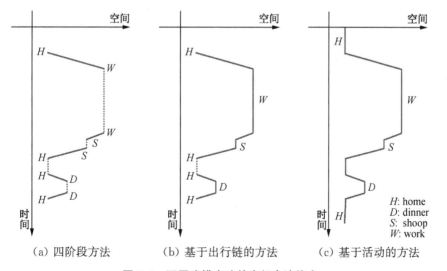

图3.1 不同建模方法的出行表达能力

ABM的建模方法,主要包括基于约束、基于效用理论和基于计算过程三种。

基于约束的模型主要关注给定的活动计划是否满足时空约束条件,包括 PESASP、BSP、MAGIC、GISICAS 等[8],其核心由活动模式的生成和可行性检查两部分组成,前者通过排列组合生成全部可行活动序列,后者检查活动序列是否满足时空约束条件,以进行筛选过滤。

基于效用的模型在满足选择效用最大化的假设下,进行活动出行的各种选择决策,并当误差项服从不同的假设分布时得到不同的离散选择模型,主要包括多项 Logit(Multinomial Logit,MNL)模型、巢式 Logit(Nested Logit,NL)模型和 Probit 模型。两个主流的基于效用的活动出行生成模型是由 Bowman 和 Ben-Akiva 提出的 Daysim[9]以及 Bhat 等人提出的 CEMDAP[10]。Daysim 基于巢式 Logit 模型结构来模拟每个家庭和个人在 48 h 内的活动出行选择,其上层是活动模式,包括在家、工作、上学等模式,下层是主要以及次要的出行往返行程,包括出行时间、目的地和方式等,但其时间被离散成四个时段,并利用多项 Logit 模型来进行时间选择。CEMDAP 是首批全面模拟人工和非人工在连续时间域中的活动出行模式的工具之一。它将活动选择结构分为三个层次:模式、出行链和停止(单次行程)。模式是一个连续的旅行列表,每个出行链包括一连串的出行停驻点。

为了松弛最大效用理论的各种假设(如各种独立假设和误差项分布),Garling 最早提出了基于计算过程的模型 SCHEDULER,其他主要模型包括 ALBATROSS 和 TASHA 模型[3]。其中 SCHEDULER 模型主要是一个概念框架,用于理解个人组织其日常活动的过程。这些活动需要与其他(家庭)人共同安排,以决定谁将参与活动,何时、何地、多长时间,以及如何在可进行活动的地点之间旅行。ALBATROSS 模型作为最全面的旅行需求计算过程模型,是一个基于规则的系统,由一系列的决策树预测一个家庭的成年人开展哪些活动,在哪里,什么时候,多长时间,与谁一起,以及涉及的交通方式,并受到家庭、空间、时间和活动场所的限制与约束。TASHA 模型则是根据经验分布生成活动及其时间属性(开始时间和持续时间),基于规则将生成的活动动态地放入日程活动安排中,方式选择模块则是基于效用函数的,并基于规则将其纳入合乘或者家庭联合出行的往返行程中。

3.2.2 基于活动的模型框架

不论采用何种方法进行 ABM 的构建,完整的模型框架都必然包括活动日程安排(包括活动的顺序、时间和数量等)、目的地选择和方式选择等功能模块。本书

第3章　城市多模式网络活动出行链建模与选择行为分析

基于现有的3类主流ABM框架[11]，包括由Cambridge Systematics公司基于Python开发的TourCastTM平台，由RSG公司维护开发的DaySim模型和由WSP公司（原Parsons Brinckerhoff公司）设计开发的CT-RAMP系列模型，将此次的ABM框架分为长期选择层、活动链生成层和单次出行层，且由于是基于机器学习方法进行建模的，因此取名为L-ABM。模型框架如图3.2所示。

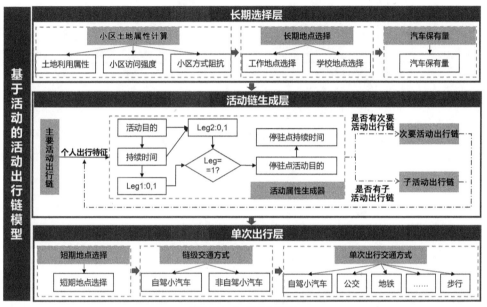

图3.2　L-ABM框架

长期选择层：预测方法以随机森林模型为主，主要包括小区土地属性计算、工作或学校目的地选择、汽车保有量等模块。首先需要计算小区不同用地属性的比例，并基于手机信令数据计算小区的访问强度以表示交通小区的活动吸引力。其次进行工作地点和学校地点的选择模型构建，利用随机森林模型构造多层级目的地选择模型，确定有固定工作的居民的工作地和学生学校所在交通小区。由于汽车保有量影响出行方式、出行目的地等选择，因此基于随机森林模型利用问卷调查数据进行汽车保有量选择模型的构建，用以预测汽车保有量。

活动链生成层：预测方法以神经网络类型的深度学习为主，主要包括深度神经网络的分类预测模型和多层感知机的回归模型，其中分类预测模型主要用于生成活动目的和中间停驻点以及出行链的数量，多层感知机的回归模型则是用于生成活动的开始和结束时间。活动类型按照活动的功能性质主要分为强制性活动（如工作、上学)和非强制性活动(如购物、休闲娱乐和商务出行等)。以活动为中心,构造活动出行链。个体一天的活动出行链可以拆分为主要出行链、次要出行链与子出行链,其活动分别对应为主要活动、次要活动和子活动,如图3.3所示。

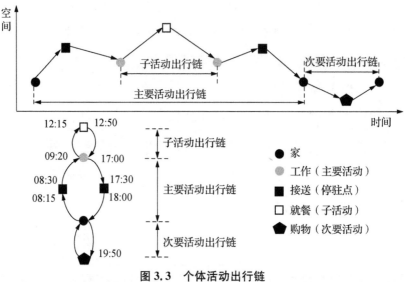

图 3.3　个体活动出行链

单次出行层:主要生成活动出行链中使用的交通方式以及短期活动的目的地。其中活动出行链中使用的交通方式以深度学习方法为建模基础,并分为两个层级:上层为出行链层级的主要出行模式,用以区分出行是自驾小汽车还是非自驾小汽车;下层为单次出行层级的单次出行交通方式选择,包括自驾小汽车、公交、地铁、共乘和步行等,并受上层模式选择的影响与限制,例如主要出行方式为自驾小汽车,则下层的所有出行均为自驾小汽车。短期活动是指购物、休闲娱乐和商务出行等在时间和空间上都较容易发生改变的活动,其模型与长期活动模型类似,同样是基于随机森林的多层级活动选择模型,所不同的是训练特征。

表3.1总结并展示了本书活动需求模型的各个组成模块以及各组成模块之间详细的层次结构。表3.1基于不同模块的层次等级,并通过数字的顺序编号来代表不同模块中的子模型,且对模块中使用的模型方法和模型输入输出都有简要说明。其自上而下的结构使得上一层级模块的决策结果对下一层级模块的决策结果产生影响或约束,例如长期选择层中工作和上学的强制性地点选择影响着活动链生成层中强制性活动的目的地选择,而汽车保有量模型的结果将影响出行者在单次出行层是否拥有独自驾车出行的能力。同时,在同一层级中有多个子模型时,也

第3章 城市多模式网络活动出行链建模与选择行为分析

存在着相互影响,例如从模型的输入、输出可以看出,活动链生成层中主要出行链中的主要活动与次要出行链中的次要活动存在交互影响。该模型从层次结构上体现了现实世界决策因果之间关系的假设,并保证了出行活动之间的相关性。

表 3.1 L-ABM 的组成模块

编号	模型名称	模型输入	模型输出
长期选择层			
1	工作地点选择模型	个人属性、小区属性、距离特征	工人工作地点
2	学校地点选择模型	个人属性、小区属性、距离特征	学生学校地点
3	汽车保有量模型	个人属性特征、工作地类型、通勤距离	个人汽车数量
活动链生成层			
4	主要活动目的预测模型	个人属性特征	主要活动目的
5	主要活动开始时间预测模型	个人属性特征与主要活动目的	主要活动的开始时间
6	主要活动结束时间预测模型	个人属性特征与主要活动目的及开始时间	主要活动的结束时间
7	主要出行链前停驻点数量预测模型	个人属性特征与主要活动目的及开始时间	主要出行链前停驻点数量
8	主要出行链后停驻点数量预测模型	个人属性特征与主要活动目的及结束时间	主要出行链后停驻点数量
9	主要出行链前停驻点活动目的预测模型	个人属性特征与主要活动目的与起止时间	前停驻点活动目的
10	主要出行链前停驻点开始时间预测模型	个人属性与主要活动属性特征及前停驻点活动目的	前停驻点活动开始时间
11	主要出行链前停驻点结束时间预测模型	个人属性与主要活动属性特征及前停驻点活动目的与开始时间	前停驻点活动结束时间
12	主要出行链后停驻点活动目的预测模型	个人属性特征与主要活动目的与起止时间	后停驻点活动目的
13	主要出行链后停驻点开始时间预测模型	个人属性与主要活动属性特征及后停驻点活动目的	后停驻点活动开始时间
14	主要出行链后停驻点结束时间预测模型	个人属性与主要活动属性特征及后停驻点活动目的与开始时间	后停驻点活动结束时间
15	次要出行链数量预测模型	个人属性与主要活动属性特征	次要出行链数量

续表

编号	模型名称	模型输入	模型输出
16	次要活动目的预测模型	个人属性特征与主要活动目的	次要活动目的
17	次要活动开始时间预测模型	个人属性特征与次要活动目的	次要活动的开始时间
18	次要活动结束时间预测模型	个人属性特征与次要活动目的及开始时间	次要活动的结束时间
19	次要出行链前停驻点数量预测模型	个人属性特征与次要活动目的及开始时间	次要出行链前停驻点数量
20	次要出行链后停驻点数量预测模型	个人属性特征与主要活动目的及结束时间	次要出行链后停驻点数量
21	次要出行链前停驻点活动目的预测模型	个人属性特征与次要活动目的与起止时间	前停驻点活动目的
22	次要出行链前停驻点开始时间预测模型	个人属性与次要活动属性特征及前停驻点活动目的	前停驻点活动开始时间
23	次要出行链前停驻点结束时间预测模型	个人属性与次要活动属性特征及前停驻点活动目的与开始时间	前停驻点活动结束时间
24	次要出行链后停驻点活动目的预测模型	个人属性特征与次要活动目的与起止时间	后停驻点活动目的
25	次要出行链后停驻点开始时间预测模型	个人属性与次要活动属性特征及后停驻点活动目的	后停驻点活动开始时间
26	次要出行链后停驻点结束时间预测模型	个人属性与次要活动属性特征及后停驻点活动目的与开始时间	后停驻点活动结束时间
27	子出行链数量预测模型	个人属性与主要活动起止时间	子出行链数量
28	子活动目的预测模型	个人属性与主要活动起止时间	子活动目的
29	子活动开始时间预测模型	个人属性与主要活动属性及子活动目的	子活动开始时间
30	子活动结束时间预测模型	个人属性与主要活动属性及子活动目的和开始时间	子活动结束时间
单次出行层			
31	非强制性活动地点选择模型	个人属性、小区属性、距离属性特征	非强制性活动地点
32	链级交通方式选择模型	个人属性、链级活动目的、小区阻抗与可达性属性、距离	链级交通方式
33	单次出行交通方式选择	个人属性、链级活动目的、小区阻抗与可达性属性、距离、活动间隙时间	单次出行交通方式

3.2.3 模型特征变量选择

基于活动的出行需求模型用以预测个体一天的行程安排,囊括了去哪里、什么时候去、怎么去等系列出行决策,而影响这些决策的所有因素可以笼统地分为个体因素和环境因素。个体因素主要包括年龄、职业、经济水平、性别等个人属性。环境因素可以分为建成环境因素、出行环境因素。建成环境因素主要是指在现有土地和交通基础设施下,不同交通小区间的各方式阻抗和可达性,以及小区的活动访问强度和小区内的用地属性分布等。出行环境因素则是模型考虑到个体一天出行活动间的相关性以及约束性。例如,在个体已经完成一次购物逛街的活动后,其下一活动仍然是购物逛街的可能性很低;而某通勤个体在 12:00 基于工作的出行活动则很可能是就餐,且若通勤路途中还有其他的中间活动,则中间活动的起止时间还受到上班起止时间的约束。因此,在出行环境因素中主要还包括活动目的、活动起止时间、活动地点等活动属性。表 3.2 显示了影响活动出行决策的模型主要特征变量,将个体因素和环境因素主要分为三个层次:个人层次、小区层次和出行层次。需要注意的是,在模型的具体训练过程中,并不是所有的特征变量都被选择,而是根据模型的具体需求进行具体选择,或者基于这些特征变量进行组合计算形成新的特征变量。

表 3.2 模型主要特征变量

变量名称	变量描述	取值范围或类型
个人层次		
Person_ID	个人编号	整数型
Gender	性别	整数型。0:男;1:女
Age	年龄	整数型,7—101
Career	职业	整数型。1:固定工作者;2:学生;3:退休;4:自由工作者;5:无业
Income	收入/(元/月)	整数型。0:4 000 元及以下;1:4 000—8 000 元;2:8 000—20 000 元;3:20 000—50 000 元;4:50 000 元以上
小区层次		
TAZ_ID	小区编号	整数型,1—3 044
Business	小区商业土地占比	浮点型,0%—100%

续表

变量名称	变量描述	取值范围或类型
Industrial	小区工业土地占比	浮点型,0%—100%
Commercial_Residential	小区商住两用土地占比	浮点型,0%—100%
School	小区学校土地占比	浮点型,0%—100%
Residential	小区居住土地占比	浮点型,0%—100%
Medical	小区医疗土地占比	浮点型,0%—100%
Storage	小区仓储土地占比	浮点型,0%—100%
Business_Office	小区商务办公土地占比	浮点型,0%—100%
Park	小区公园土地占比	浮点型,0%—100%
Traffic_hub	小区交通枢纽土地占比	浮点型,0%—100%
Admini_Office	小区行政办公土地占比	浮点型,0%—100%
Hotels	小区宾馆土地占比	浮点型,0%—100%
Else	其他	浮点型,0%—100%
Mandatory_intensity	强制性活动访问强度/(人/100 m^2)	浮点型
Non_Mandatory_intensity	非强制性活动访问强度/(人/100 m^2)	浮点型
出行层次		
Gbus_minutes	公交出行阻抗/min	浮点型
Gbus_speed_km/h	公交出行可达性/(km/h)	浮点型
Auto_minutes	小汽车出行阻抗/min	浮点型,单位
Auto_speed_km/h	小汽车出行可达性/(km/h)	浮点型
Travel_distance	出行距离/km	浮点型
Travel_gap	活动间隙时间/min	浮点型

3.2.4 模型的基本特征

本书的活动出行需求模型同样是基于活动的,L-ABM框架虽与主流的三类ABM框架在逻辑结构上有着相似之处,但所采取的方式方法和某些具体的模块有所不同。它的基本特征主要包括以下几个方面:

(1) 模型以个体为基本单元进行微观模拟,预测每个人的活动出行决策,以生成与手机信令数据识别结果或问卷调查数据结果相似的活动安排。

(2) 模型建立在长期选择层、活动链生成层和单次出行层上,自上而下的模型结构保证活动出行的相关性与完整性。

(3) 模型在交通小区和多方式综合路网数据的基础上进行活动地点选择,对路网阻抗与可达性和各种土地利用变量较为敏感。

(4) 模型采用连续型时间变量,使模型内部保持一致的时间进度结构,也体现一天中出行时间之间的差异敏感。

(5) 在活动地点、方式和时间的预测模型训练中考虑时空约束,以增强模型对实际情况的真实模拟。

(6) 模型以数据驱动,保留了个人属性,得以学习其中的偏好异质性。

(7) 模型的输出可以很好地被用于基于多智能体的路网仿真,例如将输出作为MATSim的输入,可以切实得到路网上的流量。

(8) 模型有较强的可拓展性,例如当有政策前后的数据时,可以加入并分析政策相关的特征变量。

(9) 模型基于可解释性机器学习,对模型输出有着全局或者局部的可解释性,提高模型的可信度。

3.3 基于机器学习方法的模型可解释性研究

本书对于模型中的选择决策概率预测均是基于机器学习方法,这与其他学者利用机器学习进行ABM建模不同的是:本书除了关注其预测准确性,也关注模型的可解释性。因此本小节将介绍模型可解释性的理论基础。

3.3.1 机器学习的可解释性

目前机器学习研究成果众多,在金融、交通、医疗、互联网等行业都有着广泛应用,但其只给结果不说缘由的问题也随着应用需求的不断提高而日益显著,其不可解释性大大限制了机器学习在实际应用中发挥进一步的作用[12]。对于可解释性并没有严格上的数学定义，Miller[13]认为可解释性是人们能够理解决策原因的程度，机器学习模型的可解释性越高，人们就越容易理解为什么做出某些决策或预测。

理想情况下，如果能够理解整个模型，就可以将模型描述为可解释的[14]，并对模型的全局输出进行解释。这种全局性的解释是基于对数据特征、模型结构、参数或权重等每个学习部分的整体认知来理解模型是如何做出决策的，能够得出模型中的重要影响特征，以及特征之间的交互作用，有助于基于特征理解目标结果的分布。但想要实现全局模型的可解释性在实际中是很难的，因为机器学习中的参数或权重的数量较多，且无法在头脑中形成所有特征的联合分布，所以很难估计每个特征的重要性以及特征在整体上是如何影响预测的[11]。

因此，人们通常通过考虑模型的一部分来试图理解一个模型。例如对于线性模型，可解释性部分是权重：当所有其他特征保持不变时，特征 x_k 增加一个单位，预测结果 y 增加 β_k。对于决策树来说，是分裂节点和叶节点的特征分割：如果特征 x_k 比阈值 c_k 小或者大，那么预测结果就是节点 y_k 中实例的平均值。但对于机器学习来说，并不是所有的模型都能够从参数或者权重级别来解释，特别是深度神经网络，无法通过查看多层大量的参数对其进行解释。

同时，还可以基于实例进行局部的模型解释。在局部上，预测结果可能只依赖于线性或者单调的某些特征，而不是对它们有着复杂的依赖性。在个体样本的粒度上，通过改变某个特征的输入值，观测模型预测结果的变化，并解释其可能的原因。例如，在交通出行方式选择方面，选择私家车的概率可能与它的行驶费用呈非线性关系，可以通过模拟改变行驶费用（费用不断增加或者减少），观察选择私家车概率的变化，对模型中这种非线性关系做出解释。

3.3.2 机器学习的解释方法

对于机器学习的解释方法，基于模型的数学结构和复杂度可以分为对本质模型的解释方法和与模型结构无关的解释方法[11]。例如，决策树由于其结构较为简单，属于本质上可解释的模型，可以直接观察到用于分割的特征和阈值的树结构，从而了解模型从输入到输出的全过程。而对于随机森林或者深度神经网络等模型，仅从模型结构本身是难以窥见其解释性的，因此需要借助一些与模型结构无关的解释方法对模型运行和预测结果进行解释。

第3章 城市多模式网络活动出行链建模与选择行为分析

对于随机森林或者神经网络等复杂的非线性模型,可以通过与模型结构无关的解释方法对其进行解释,其具体的解释方法包括部分依赖图、个人条件期望图、累计局部效应图、置换特征重要性和Shapley值等。在本书中主要采取部分依赖图、个人条件期望图和Shapley值的与模型结构无关解释方法。下文对这三种方法进行简要说明:

(1) 部分依赖图可以显示不超过两个特征变量对机器学习模型的预测结果的边际效用,其部分依赖函数 f_{X_S} 通过蒙特卡罗方法计算训练数据中的平均值来估算,如式(3-1)所示。在此公式中,S 是显著特征集合,特征数量不超过两个,C 是总特征空间 X 中除了 S 的特征集合,n 是数据集中的实例数。通过在集合 C 中的特征分布上边缘化机器学习模型输出而起作用,从而显示集合 S 中特征与预测结果之间的关系。图3.4的部分依赖图显示了天气特征对随机森林模型预测自行车租赁数量的影响,可见温度越高自行车租赁数量越多,但到了20 ℃变化就不怎么明显,湿度超过60%时,自行车租赁数量减少,且随着风速的增加人们也不愿租自行车出行。

$$f_{X_S} = \frac{1}{n}\sum_{i=1}^{n} f(X_S, X_C^{(i)}) \tag{3-1}$$

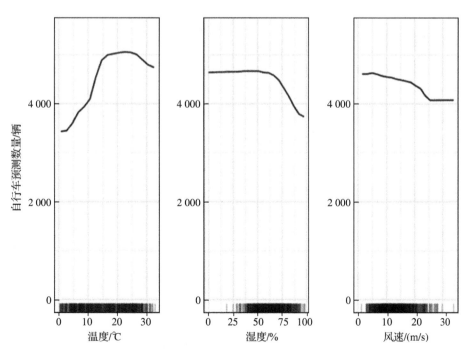

图3.4 温度、湿度和风速的自行车租赁数量预测部分依赖图

(2) 个体条件期望图为每个实例显示一条线,其显示了特征发生改变时实例预测结果的变化情况。图 3.5 展示了在基于随机森林预测女性患癌症的概率模型中,按年龄划分的宫颈癌概率个体条件期望图。在图中每一条线代表一位女性,可以看出对于大多数女性来说,随着年龄的增长(其他因素不变的条件下),被模型预测为患癌症的概率会增加。

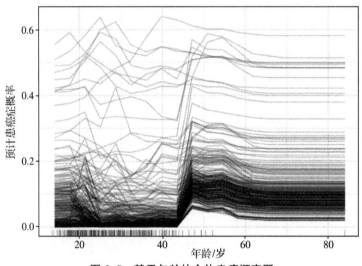

图 3.5 基于年龄的个体患癌概率图

(3) Shapley 值是由经济学家 Lloyd Shapley 提出的博弈论概念[15],其主要思路是计算特征对模型输出的边际贡献,再从全局和局部两个层面对神经网络等"黑盒模型"进行解释。与机器学习相对应,博弈论中的"游戏"是指数据集单个实例的预测任务,"收益"是此实例的实际预测值减去所有实例的平均预测值,"玩家"则是指实例的特征值,它们的共同作用获得了预测的"收益"。Shapley 值的计算由式(3-2)得到,其中 $\varphi_j(\mathrm{val})$ 是所有可能的特征值组合上的加权和,即 Shapley 值,以表示每个特征值对模型预测的贡献程度,S 是模型中使用的特征子集,x 是要解释的实例的特征值的向量,p 是特征的数量,$\mathrm{val}(S)$ 是对集合 S 中的特征值的预测,是特征集合中不包含 S 的边际分布。

$$\varphi_j(\mathrm{val}) = \sum_{S \subseteq \{x_1, \cdots, x_p\} \setminus \{x_j\}} \frac{|S|!\,(p-|S|-1)!}{p!} (\mathrm{val}(S \cup \{x_j\}) - \mathrm{val}(S))$$

(3-2)

其中，

$$\mathrm{val}(S) = \int \hat{f}(x_1, \cdots, x_p) \mathrm{d}P_{x \notin S} - E_X(\hat{f}(X)) \qquad (3-3)$$

三种方法都有各自的优缺点：部分依赖图的计算比较直观，可以较好地表示某特征对模型平均预测结果的影响，并在模型层面显示了特征和预测结果之间的一定因果关系[16]，但其一次可以分析的最大特征数量只有两个，并需要特征之间满足独立性假设。与部分依赖图相比，个体条件期望图更加直观，可以直接观测到当特征改变时实例预测结果的变化，并可以揭示不同实例之间的异质性关系。其缺陷是个体条件期望图只能显示一个特征的影响关系，且当特征之间有着较强的相关性时，曲线中的某些点可能是无效的。而 Shapley 值允许对多个特征进行分析并允许特征间存在着相关性，同时允许进行对比性解释，帮助人们理解模型为何做出这种预测而不是另一种，同时其完备的基础理论使其具有效益性、对称性、可加性等性质，为解释提供了良好的基础，但计算需要的时间成本较高。

当然，并非所有的神经网络模型的参数都不具有可解释性，由于神经网络中的 softmax 层与离散选择中的多项选择（MNL）模型有着相同的数学结构，部分学者通过对神经网络或者卷积层进行设计，使得神经网络的模型参数与多项选择模型的参数类似，具有同样的经济学解释性质，例如，Sifringer 等人[17]提出的 L-MNL 模型，利用单层的卷积神经网络构造和多项选择模型相同的结构，以保留模型参数的可解释性，同时在进行 softmax 层前与全连接的神经网络层进行拼接，实现数据驱动，增强其预测性能。其局限性就是对模型层数和神经元的数量有着限制，制约了模型的非线性拟合性能，牺牲了模型的部分预测精度。

3.3.3 深度神经网络与随机森林的可解释性分析

在本书活动出行决策的概率预测方法中，主要采用的是深度神经网络和随机森林，因此对其相关理论和可解释性进行分析。

深度神经网络（Deep Neural Network, DNN）是一种具有多个隐藏层的神经网络，将上一层的输出特征作为下一层的输入特征进行学习，并通过逐层特征映射后，将现有空间样本的特征映射到另一个空间，其特征映射可以是线性与非线性的，这样得以实现对复杂非线性函数的拟合，以此来学习生活中的非线性规律。通过不同层的位置划分，可以将 DNN 划分为输入层、隐藏层和输出层。图 3.6 展示了一个具有三层隐藏层的深度神经网络。

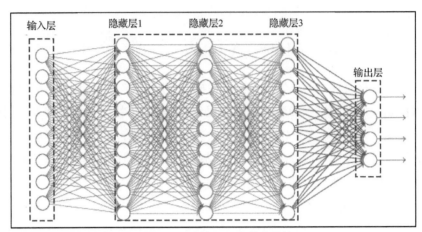

图 3.6 深度神经网络基本结构

其原理主要可以用两个算法概括,即前向传播算法与后向传播算法。前向传播算法是利用若干个权重系数矩阵 W、偏差向量 b 和输入值向量 x 进行一系列线性和激活运算,从输入层开始,利用上一层的输出计算下一层的输出,层层递进一直运算到输出层,得到输出结果。其算法伪代码如下所示:

输入:总层数 L,所有隐藏层和输出层对应的矩阵 W、偏差向量 b 和输入值向量 x。

输出:输出层的结果 a^L。

(1) 初始化 $a^1 = x$

(2) $\quad$ For $l = 2$ to L: $a^l = \sigma(z^l) = \sigma(W^l a^{l-1} + b^l)$ $\qquad$ (3-4)

使用前向传播算法计算训练样本的输出后,基于损失函数来度量训练样本计算出的输出和真实的训练样本标签之间的损失。并通过反向传播算法对损失函数进行迭代优化求极小值,对线性系数矩阵 W 与偏差向量 b 进行参数估计,使得模型输出尽可能等于或接近真实标签。其算法伪代码如下所示:

输入:总层数 L,以及各隐藏层与输出层的神经元个数,激活函数与损失函数,迭代步长 α,最大迭代次数 Max 与早停阈值 ε,输入的 m 个训练样本 $\{(x_1, y_1), (x_2, y_2), \cdots, (x_m, y_m)\}$。

输出:各隐藏层与输出层的线性系数矩阵 W 与偏差向量 b。

(1) 初始化各隐藏层与输出层的线性系数矩阵 W 与偏差向量 b。

(2) For iter from 1 to Max:

第3章 城市多模式网络活动出行链建模与选择行为分析

For $i = 1$ to m：
$a^1 = x_i$
For $l = 2$ to L：$a^l = \sigma(z^l) = \sigma(W^l a^{l-1} + b^l)$ (3-5)

通过损失函数计算输出层的 $\delta^{i,L}$。

For $l = L-1$ to 2，进行反向传播算法计算。

$$\delta^{i,l} = (W^{l+1})^T \delta^{i,l+1} \odot \sigma'(z^{i,l}) \quad (3-6)$$

For $l = 2$ to L，更新第 l 层的 W^l、b^l。

$$W^l = W^l - \alpha \sum_{i=1}^{m} \delta^{i,l} (a^{i,l-1})^T \quad (3-7)$$

$$b^l = b^l - \alpha \sum_{i=1}^{m} \delta^{i,l} \quad (3-8)$$

如果所有 W、b 的变化都小于早停阈值 ε，则停止循环并进入步骤(3)。

(3) 输出各隐藏层与输出层的线性系数矩阵 W 与偏差向量 b。

深度神经网络能够与多项选择(MNL)模型有着类似的选择可解释性分析，主要在于如果将输出层的激活函数选择为 softmax 函数，则与 MNL 模型有着相同的数学结构，而输入 softmax 层的值可以理解为效用。如果假定 $s_k(x_i)$ 表示个体 i 选择方案 k 的概率，其中 x_i 表示个体 i 的输入特征，$k \in [1, 2, \cdots, K]$，通过神经网络的 softmax 层，个体 i 选择方案 k 的概率可以表示为：

$$s_k(x_i) = \frac{e^{V_{ik}}}{\sum_j e^{V_{ij}}} \quad (3-9)$$

其中 V_{ij}、V_{ik} 表示第 j 和第 k 个输入神经网络 softmax 层的神经元，V_{ik} 通过前向传播算法计算得到：

$$V_{ik} = (g_m^k \cdot g_{m-1}^k \cdot \cdots \cdot g_2^k \cdot g_1^k)(x_i) \quad (3-10)$$

其中，$g_l(x) = \text{ReLU}(W^l x + b^l)$ 为线性激活函数；V_{ik} 表示经过多层线性激活函数后得到个体 i 的方案 k 的效用。

基于此，DNN 中的效用解释能够与传统离散选择模型一样，得到相应的计量经济学信息。例如，假定 $\widehat{V}_k(x_i)$ 和 $\widehat{s}_k(x_i)$ 分别为深度神经网络估计的方案 k 的效用和选择概率，可以在神经网络中计算选择概率、选择方案、市场份额占比、方案替代、方案概率导数等经济信息[18],具体如表3.3所示。

表3.3 神经网络的经济信息计算

经济信息	DNN 中的计算公式	
选择概率	$\hat{s}_k(x_i)$	
选择方案	$\arg\max_k \hat{s}_k(x_i)$	(3-11)
市场份额占比	$\sum_i \hat{s}_k(x_i)$	(3-12)
方案 k_1 和 k_2 的替代性	$\hat{s}_{k1}(x_i)/\hat{s}_{k2}(x_i)$	(3-13)
方案 k 的概率导数	$\partial \hat{s}_k(x_i)/\partial x_{ij}$	(3-14)
方案 k 的概率弹性	$\partial \hat{s}_k(x_i)/\partial x_{ij} \times x_{ij}/\hat{s}_k(x_i)$	(3-15)

随机森林是基于决策树模型设计的一种串行集成模型。Breiman[19]将随机森林定义为一个由一系列决策树 $h(x;\theta_t)$ 组成的分类器,其中 θ_t 为独立同分布的随机向量,基于这些树的投票,随机森林将给出最终的集成结果,以实现提升预测精度的效果。对于其可解释性,不同于深度神经网络一样具有结构上的经济学解释,因此其模型的解释往往借助与模型结构无关的方法,例如前文所述的部分依赖图、个体期望图或Shapley值方法,随机森林模块中所能提供的特征重要度也提供模型的部分特征解释,具体的可见下文与随机森林相关的模块建模。

同样地,与模型结构无关的方法同样适用深度神经网络,且由于在活动建模的过程中可用特征与预测结果的实际特性,并不是所有基于深度神经网络的模型都适合从模型结构的角度计算其经济信息,从而实现其可解释性,因此本书借助与模型结构无关的方法对此类模型的特征与预测结果进行解释,以保证整体活动出行链建模的可解释性。

3.4 模型验证与评估

3.4.1 模型验证样本构建

在上述小节中,本书基于准确率指标对每个子模型在训练集或测试集的表现进行了部分表述。同时,为了把握模型的整体精度水平,本书将问卷调查数据中的出行者作为模型的验证样本进行验证,为每一个出行者生成一天的活动出行安排。这是因为这些出行者有着全部的真实出行标签,便于作为模型检验的数据。

1) 基于出行问卷的验证数据集构建

本书问卷调查数据为2018年某工作日收集,共包括30 422户家庭的72 170个6岁以上人口的158 665次出行,抽样调查率为0.02。调查内容涉及的出行者

第3章　城市多模式网络活动出行链建模与选择行为分析

家庭属性包括总人数、小汽车数量、套内住房面积等,个人属性包括性别、年龄、职业等。出行信息则包括被调查者一天内的所有出行信息,包括出发、到达时间,出发、到达地点用地性质,出行目的,交通方式等。表3.4展示了本次居民出行调查的统计结果,从基本人口统计特征、个人特征、工作者特征、车辆特征和出行特征5个层次进行统计。从表中可以看出出行人数为72 170,占总调查人数的91.04%,可见居民每天都有着较高的出行需求;从家庭结构上看,2人和3人家庭占了较大比重,总计达到69.11%。

表3.4　居民出行调查统计结果

调查特征	数量	比例	调查特征	数量	比例
家庭总数	30 422 户		出行人数	72 170 人	91.04%
人口总数	79 276 人		出行次数	158 665 次	
家庭平均人口数	2.6 人		日人均出行次数	2.20 次	
1人家庭数	4 365 户	14.35%	汽车保有量	12 708 辆	
2人家庭数	10 522 户	34.59%	工人数量	45 411 人	62.92%
3人家庭数	10 501 户	34.52%	工人人均汽车保有量	0.28 辆	
3人以上家庭数	5 034 户	16.55%	家庭平均汽车保有量	0.42 辆	

模型对活动出行链的生成结果是基于三条活动出行链,因此对于问卷调查数据还需要进行活动出行链的重构,以达到和生成结果相似的数据结构。活动出行链定义为从某地出发进行一系列活动又最终回到某地的行程,例如普遍基于家的活动出行链便是从家出发前往工作地再回到家。在问卷调查中包含回家和回单位的活动信息,因此活动出行链主要分为基于家的活动出行链和基于工作的活动出行链。在问卷活动出行链重构过程中,对于不同活动出行链的定义是:当出行者只有一条活动出行链时,则这条活动出行链被定为主要活动出行链;当出行者有两条活动出行链时,若某条活动出行链中的活动为强制性活动,则将这条活动出行链定为主要活动出行链,另外一条活动出行链为次要活动出行链。若两条活动出行链中活动都不包含强制性活动,则将持续时间较长的活动所在的活动出行链定为主要活动出行链,另外一条则为次要活动出行链。子活动出行链是基于工作的活动出行链,在基于工作的活动出行链中选择持续时间最长的活动出行链作为子活动出行链,在问卷调查数据中往往最多只有1条基于工作的活动出行链。

2) 活动出行链生成流程

模型的训练或者估计过程与生成过程有着不同的要求,例如在训练过程中允许模型不同模块同时训练,从而节约模型训练需要的时间,提升模型的更新效率;

而在生成过程中则是自上而下的有序步骤,上一步模型的输出往往作为下一步模型的部分输入特征,通过不同模型间的流水线式系统协作,实现从初始的个体输入到最终的个体活动生成。具体的活动出行链生成流程如图 3.7 所示。

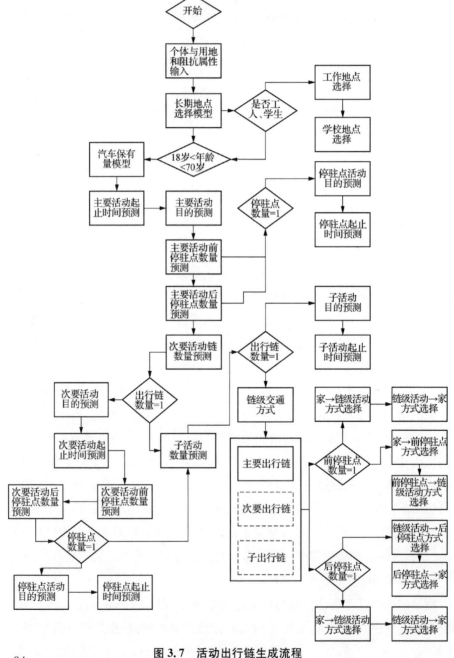

图 3.7　活动出行链生成流程

第3章 城市多模式网络活动出行链建模与选择行为分析

经过 33 个模型的生成,为每个个体生成 M_purpose(主要活动目的)、M_location(主要活动地点)、M_begin(主要活动开始时间)、M_end(主要活动结束时间)等一共 54 个出行字段,如表 3.5 所示,囊括了个体一天的出行信息。同时,并非每个个体的每个字段都有值,存在部分字段的空值情况。例如,对于工作与上学地点的选择预测,模型只针对工人和学生进行生成。

表 3.5 生成结果与字段

字段编号	字段名称	字段含义	字段编号	字段名称	字段含义
1	work_location	工作地点	28	C_leg2_end	次要出行链后停驻点结束时间
2	school_location	学校地点	29	ST_num	子出行链数量
3	auto_ownership	汽车数量	30	S_activity_purpose	子活动目的
4	M_purpose	主要活动目的	31	S_begin	子活动开始时间
5	M_location	主要活动地点	32	S_end	子活动结束时间
6	M_begin	主要活动开始时间	33	M_leg1_location	主要出行链前停驻点地点
7	M_end	主要活动结束时间	34	M_leg2_location	主要出行链后停驻点地点
8	M_activity_leg1_num	主要出行链前停驻点数量	35	C_leg1_location	次要出行链前停驻点地点
9	M_activity_leg2_num	主要出行链后停驻点数量	36	C_leg2_location	次要出行链后停驻点地点
10	M_activity_leg1_purpose	主要出行链前停驻点活动目的	37	S_location	子活动地点
11	M_activity_leg2_purpose	主要出行链后停驻点活动目的	38	MT_mode	主要出行链链级方式
12	M_leg1_begin	主要出行链前停驻点开始时间	39	CT_mode	次要出行链链级方式
13	M_leg1_end	主要出行链前停驻点结束时间	40	ST_mode	子出行链链级方式
14	M_leg2_begin	主要出行链后停驻点开始时间	41	M_trip1	家→主要活动交通方式
15	M_leg2_end	主要出行链后停驻点结束时间	42	H_Mleg1_mode	家→主要出行链前停驻点交通方式
16	CT_num	次要出行链数量	43	leg1_M_mode	前停驻点→主要活动交通方式

续表

字段编号	字段名称	字段含义	字段编号	字段名称	字段含义
17	C_purpose	次要活动目的	44	M_trip2	主要活动→家交通方式
18	C_location	次要活动地点	45	M_leg2_mode	主要活动→后停驻点交通方式
19	C_begin	次要活动开始时间	46	Mleg2_H_mode	主要出行链后停驻点→家交通方式
20	C_end	次要活动结束时间	47	C_trip1	家→次要活动交通方式
21	C_activity_leg1_num	次要出行链前停驻点数量	48	H_Cleg1_mode	家→次要出行链前停驻点交通方式
22	C_activity_leg2_num	次要出行链后停驻点数量	49	leg1_C_mode	前停驻点→次要活动交通方式
23	C_activity_leg1_purpose	次要出行链前停驻点活动目的	50	C_trip2	次要活动→家交通方式
24	C_activity_leg2_purpose	次要出行链后停驻点活动目的	51	C_leg2_mode	次要活动→后停驻点交通方式
25	C_leg1_begin	次要出行链前停驻点开始时间	52	Cleg2_H_mode	次要出行链后停驻点→家交通方式
26	C_leg1_end	次要出行链前停驻点结束时间	53	S_trip1	主要活动→子活动交通方式
27	C_leg2_begin	次要出行链后停驻点开始时间	54	S_trip2	子活动→主要活动交通方式

在评估阶段,主要为了查看模型的整体表现情况,因此从问卷调查中随机抽取了 10 000 名个体,保留性别、年龄、职业等个人属性的出行信息标签,作为模型生成的初始输入,再通过比较生成结果和真实标签,以实现对模型的精度水平评估,并对模型的参数标定提供参考。

3.4.2 模型的整体精度评估

1) 长期选择层精度评估

在长期选择层中的强制性活动地点选择主要是针对工人和学生,因此首先在随机选择的 1 万个校核样本中,将工人和学生筛选出来,得到 5 065 名工人和 1 064 名学生。其次,对这部分工人基于强制性活动地点选择模型进行工作地点的选择,最终有 1 449 名工人的地点被准确预测,验证集准确率为 28.61%,与训练集相比要低 14.67 个百分点,精度不是很高。但从小区层面,生成预测中工人的选择点范

第3章 城市多模式网络活动出行链建模与选择行为分析

围涉及710个交通小区,与实际的907个交通小区相比,覆盖范围小一些。

从数量分布的角度,对比交通小区预测与实际的选择数量,可以看出数量分布上预测与实际也是较为贴合的,并通过计算实际与预测的绝对误差,发现其平均绝对误差在4.8左右,绝对误差的标准差则在6.5左右,表明从宏观层面小区被选择的数量空间分布与实际较为贴合,这意味着模型虽然难以对每一个体进行十分精确的地点选择,但其能把握大部分小区被选择到的宏观数量。同时在图中也体现了部分小区存在被模型过度选择的问题,并通过比较这些小区的地理位置,发现其大部分位于市中心,商业或工业等用地属性值较高,可能这也是被模型偏好选择的原因。

接着,对学生群体进行强制性活动地点选择,在1 064名学生中有469名学生被正确预测,验证集准确率为44.08%,与训练集相比低10.7个百分点,精度比工作地点好些,但被准确预测的个体仍未超过50%。从小区层面,生成预测中学生的选择点范围涉及186个小区,与实际的279个交通小区相比,覆盖范围小一些。从数量分布的角度对比不同交通小区预测与实际的选择数量,可以看出数量分布上预测与实际也是较为贴合的,并通过计算实际与预测的绝对误差,发现其平均绝对误差在3.2左右,绝对误差的标准差则在4.7左右。同样存在部分小区被过度选择的问题。

对于汽车保有量的生成,主要是针对年龄在18—65岁的出行者,对于低龄或高龄的出行者默认是没有自驾私家车出行的能力的,以贴合实际。同时,本书重点关注工人群体的汽车保有量,在真实样本中,工人群体拥有汽车的占比达到49.61%。在生成结果中,工人群体拥有汽车的占比是53.09%,两者相差3.48%,可见模型从集计层面对汽车保有量的预测较为准确。从个体的准确率上来说,验证集上的预测准确率为74.68%,与模型训练过程的准确率近似,其精准率为73.32%,召回率为77.72%,可以看出模型对于拥有汽车的个体识别性较高。

2) 活动链生成层精度评估

活动链生成层主要包含主要活动出行链、次要活动出行链和子活动出行链中的活动目的、活动起止时间和中间停驻点的相关活动信息。

在主要出行链中,每个人都有且只有一条主要出行链,在生成过程中,主要先对主要活动目的进行确定,具体的是先区分主要活动是否为强制性活动,强制性活动包括上班与上学,非强制性活动则包括外出就餐、购物娱乐、公务外出和其他。

需要注意的是,在对非强制性活动进行区分时,由于涉及用地属性,首先对非强制性活动的地点进行生成,然后基于该地的用地属性再判断活动目的。从结果上看,图 3.8 展示了生成数据和真实样本的主要活动目的分布情况,可以看出,模型对强制性活动(上班与上学)的识别性较好,在非强制性活动中,模型对真实样本中出现频次较高的活动,如购物娱乐和其他,能有较好的识别,而对于出现频次低的活动模型将可能出现误判,将其转移到出现频次高的活动中,例如在生成中,这一万个样本中没有公务外出,而实际是存在 0.51% 的公务外出样本的。总的来说,对于出现频次高的活动,模型预测结果比实际数量要偏高,对于出现频次低的活动,模型预测结果比实际数量要偏低。

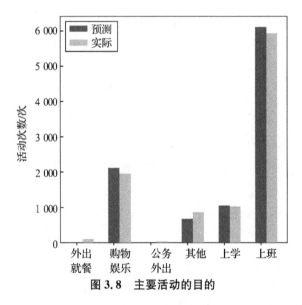

图 3.8 主要活动的目的

主要活动的起止和持续时间分布如图 3.9 至图 3.11 所示,通过和实际的比对,可以发现模型对活动开始和结束时间的预测都比实际要集中,但预测与实际的集中时间段是一致的。通过计算,活动开始时间预测与实际的平均绝对误差为 1.43,标准差为 1.88,而活动结束时间与实际的平均绝对误差达到 2.13,标准差为 2.21。结束时间的误差要比开始时间要大,这有可能是模型一定的误差累计导致的,这是因为在生成过程中,活动开始时间将作为活动结束时间的特征输入,当活动开始时间存在偏差时也将不可避免地影响到活动结束时间。从持续时间来看,两者分布大体相似,其集中波段位置相近。

第3章 城市多模式网络活动出行链建模与选择行为分析

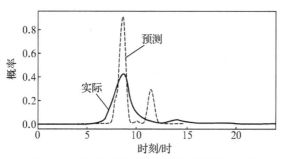

图 3.9 主要活动预测与实际的开始时间分布

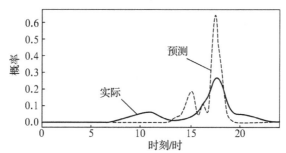

图 3.10 主要活动预测与实际的结束时间分布

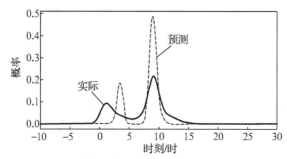

图 3.11 主要活动预测与实际的持续时间分布

其次,是对主要出行链中的中间停驻点进行生成。首要从需求总量出发,在实际样本中,有前停驻点的出行者占比 3.80%,有后停驻点的占比 5.84%,前后停驻点都有的只占 0.64%;在生成结果中,前停驻点占比 7%,后停驻点占比 0.09%,没有前后停驻点都存在的样本。两者存在较大的偏差,从结果分析其原因主要是模型的误差累计,由于对前后停驻点数量的预测分别涉及主要活动的目的和开始与结束时间,而这在前文中已经描述了其误差,因此需求数量分布存在差异。而当将活动目的和起止时间换成真实样本的真实标签时,其生成结果中的前后停驻点占比分别是 4.12% 和 5.3%，前后停驻点都存在的占比为 0.56%，可见当消除累计误差时从需求量的角度，模型的识别效果较好，与实际较为贴合。

对于停驻点的活动目的分布，如图 3.12 所示，实际与预测的活动目的分布占比相差较大，预测的活动目的主要是购物娱乐，而实际是其他，且预测没有公务外出的份额，与主要活动的目的分布存在相同的问题。另外，对于停驻点的起止时间和主要活动起止时间的约束性检查，发现 96.83% 的样本是满足时间的约束性的，包括活动开始时间早于活动结束时间，前停驻点活动结束时间早于主要活动开始时间等。而对于个别的矛盾样本，完全可以进行局部的微调，或者重新生成，使其满足时间约束性。

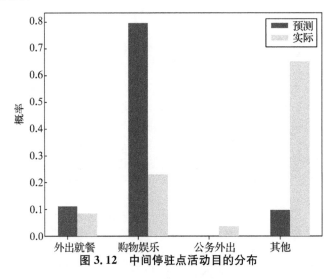

图 3.12　中间停驻点活动目的分布

对于次要出行链，真实样本中含有次要出行链的样本占比 10.67%，生成样本中占比 26.68%，两者相差 16.01%，模型会过高判断具有次要出行链的样本。其原因很可能是负采样构建训练样本时，1:2 的正负样本比例中正样本比例过高。次要活动的目的分布如图 3.13 所示，从结果上看模型能够识别出所有类型的活动目的，但部分活动目的和实际存在 10% 的误差。

图 3.14 和图 3.15 展示了次要活动的起止时间分布，发现两者有着相似的形状并有着相同的波峰数量，通过计算，活动开始时间预测与实际的平均绝对误差为 4.27，标准差为 2.9，而活动结束时间与实际的平均绝对误差达到 4.06，标准差为 2.95。从图上也可以看出预测时间分布宽度是不如实际时间分布宽度的，第一波峰位置靠右，第二波峰位置靠左。

第3章 城市多模式网络活动出行链建模与选择行为分析

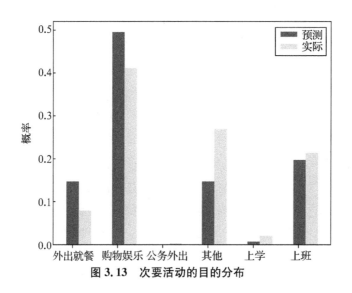

图 3.13 次要活动的目的分布

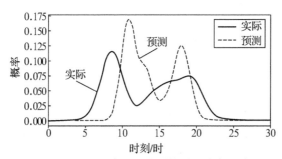

图 3.14 次要活动开始时间分布

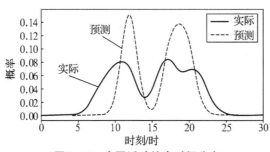

图 3.15 次要活动结束时间分布

同样地,对次要出行链中的中间停驻点进行生成。在真实样本中有前停驻点的占比3.33%,有后停驻点的占比5.83%,前后停驻点都有的样本占比0.03%。在生成样本中,前停驻点占比14.82%,后停驻点占比10.90%,前后停驻点都有的样本占比为 0.85%。可见两者同样存在较大的偏差，且都是模型过高的估计样本存在前后停驻点，这是因为在模型的训练过程中正负样本的比例为 1:2，而实际的正负样本比例约为 1:20，使得模型对正样本产生过高的预测。图 3.16 展示了次要活动目的分布，实际和预测分布大体相似，但模型对外出就餐预测偏高。对于停驻点的起止时间，由于实际样本数量较少，其分布可能并不具有代表性，因此主要检查其时间约束性，在生成结果中可以看到绝大部分的结果都为正，即满足各自活动起止时间的约束性，同时次要活动和停驻点间也大都满足时间约束性，其中 C、leg1、leg2 分别代表次要活动、前停驻点、后停驻点的时间约束，Cleg1、Cleg2 分别代表次要活动和前后停驻点的时间约束，可以发现其差值大都在 0 的基准线上，即满足时间约束性要求。相比较而言，经计算，Cleg1 和 Cleg2 的约束性满足较差，只达到 94.81% 与 97.05%，其余约束性满足率皆达到 98% 及以上。

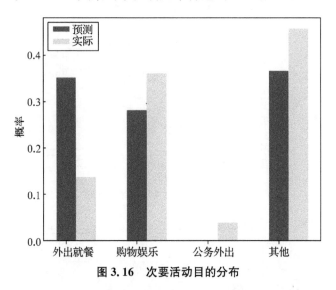

图 3.16 次要活动目的分布

对于子出行链，真实样本中含有子出行链的样本占比 3.6%，生成样本中占比 10.23%，两者相差 6.63%，由于其训练样本数量较少，且构建时同样采用 1:2 的正负样本比例进行负采样，因此模型会过高判断具有子出行链的样本。从活动目的分布来看，预测中子活动是以外出就餐为主，而实际公务外出占比最高，如图 3.17 所示。对于子活动的起止时间同样满足时间约束性的占比达到 96.61%，其活动的时间区间也位于主要活动的时间区间内，其中 S、M_S、S_M 分别为子活动时间约束、子活动与主要活动开始时间约束、子活动与主要活动结束时间约束，差值均

第3章 城市多模式网络活动出行链建模与选择行为分析

在0的基准线上,即满足约束性要求。

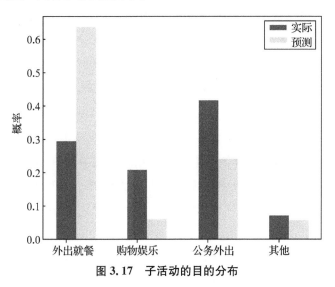

图3.17 子活动的目的分布

3) 单次出行层精度评估

单次出行层中首先要对非强制性活动的发生地点进行生成预测。具体地,除了主要和次要活动在进行活动目的生成时已然进行了部分非强制性活动的地点选择,其他诸如主要出行链和次要出行链中的中间停驻点以及子活动的地点仍然需要在此模块进行生成。需要注意的是,在模型训练中存在距离特征,在生成中进行不同活动的地点选择时,其距离的计算是不一样的,例如在进行主要出行链前停驻点和子活动的地点选择时,其距离特征是计算得到主要活动地点的距离,而后停驻点则是计算到家的距离,次要活动链预测类似。同时,由于涉及不同出行链中的不同活动,本书统计实际和生成样本中所有非强制性活动出现的地点,从集计层面比较生成样本和实际样本在非强制性活动地点选择方面的情况。从覆盖范围来说,生成样本的非强制性活动涉及588个交通小区,而实际样本涉及803个交通小区,可见模型预测结果的方差不如实际的方差大,同时两者共同的小区达到568个,可见模型能够把握主要的非强制性活动地点。同时,计算不同小区的非强制性活动访问频率,预测与实际相比,模型可能有着对高访问频率小区的偏好预测,但总的来看,预测有着和实际相似的访问频率波形,实际有着较高访问频率的小区,在预测中该小区也有较高的访问频率,反之亦然。这意味着模型能反映宏观层面上小区对非强制性活动的吸引力分布。

对于交通方式的确定,先从链级水平入手,分别确定主要、次要和子出行链的链级交通方式。从生成结果来看,实际三种类型的自驾小汽车出行比例都要比生成预测的比例要高,其一部分原因可能是在生成中需要考虑到汽车保有量的约束,而汽车保有量的偏差也将对此部分结果产生影响。同时,可以发现不论是生成预测还是实际情况,次要出行链的自驾小汽车出行比例都是最低的。在生成中,子出行链的链级交通方式同样受到主要出行链出行方式的制约,如果主要链级交通方式不是自驾小汽车出行,则子出行链也不会是自驾小汽车出行,从现实意义是考虑到只有开车上班的人,在进行基于工作的出行时才能有选择自驾小汽车的选项。从集计层面,实际和生成结果中链级出行方式为自驾小汽车出行的占比分别为16.14%和15.12%,预测比例比实际要低,这可能是考虑到汽车保有量的部分偏差。

在链级交通方式的基础上,为出行链中的每次出行进行交通方式的预测。当链级出行方式为自驾小汽车时,出行链中的各个出行都是小汽车出行。当链级出行方式为非自驾出行时,则对出行链中的出行进行步行、公交、地铁、网约车和出租车的方式预测。具体地,当出行链中有中间停驻点时,出行次数最高达到4次,其出行次序当是从家出发前往前停驻点,再前往主要活动地点,接着前往后停驻点再回家。当没有中间停驻点时,则是直接前往主要活动地点再回家,至少2次出行。同时,由于模型中有着距离特征,因此在生成时需要计算出行链中各出行的两端距离。同样地,方式涉及多出行链,本书统计实际和生成样本中所有的出行方式,从集计层面比较生成和实际的交通方式比例,如图3.18所示。从分布来看,预测和

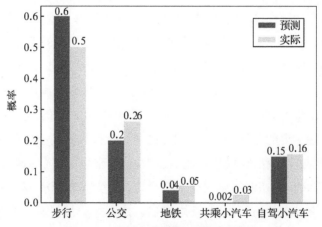

图3.18 预测与实际的交通方式占比

第3章 城市多模式网络活动出行链建模与选择行为分析

实际的分布大体一致,但在预测中步行的比例较高,其余方式预测出的比例都要比实际稍低,其中共乘小汽车占比为0.002。

3.4.3 模型参数标定

在上文的精度评估中,可以看出模型的两个主要问题:模型的误差累计效应会导致部分模型结果存在较大的偏差;模型负采样正负样本比例参数的不合适设定将导致出行需求与实际的偏差。

针对问题一,本书在生成部分的神经网络模型的输出层前,加入一个宏观调控层,如图3.19所示,使得模型的生成输出在集计层面贴合现状。宏观调控层本质上是一个权重层,其类似神经网络中的注意力机制,主要体现宏观层面的选择偏好。针对深度神经网络的分类模型,其宏观调控层的参数标定步骤如下。

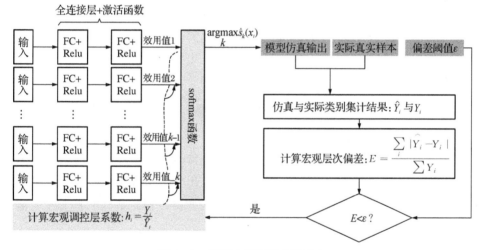

图3.19 模型宏观调控参数标定

输入:模型生成输出,真实样本,偏差阈值 ε。

输出:宏观调控层调控系数。

(1) 对模型生成输出结果与真实样本进行集计,得到 $\hat{Y}_i$ 与 Y_i,其中 i 为相关类别,例如活动目的类别与方式类别等。

(2) 计算宏观层次偏差: $E = \dfrac{\sum_i |\hat{Y}_i - Y_i|}{\sum Y_i}$,如果 $E < \varepsilon$,则该模型参数标定完成,否则进入下一步。

(3) 计算宏观调控层系数:$h_i = \dfrac{Y_i}{\hat{Y}_i}$。

(4) 在 DNN 中加入宏观调控层,重新计算生成结果,并进入第(1)步。

针对神经网络的回归模型,其主要输出的是活动的起止时间,不存在宏观的比例问题,但其时间分布可能存在明显偏差,通过计算实际与预测的平均误差可以对其分布位置进行修正,并通过宏观调控减少模型的误差累计效应。

针对问题二,通过调节模型中的负采样正负样本比例参数,使得生成的预测需求与实际相近。其主要是面对次要出行链和子出行链以及中间停驻点的数量需求方面,在原来的模型中由于统一采用正负样本 1:2 的比例,因此都有着比实际更高的数量预测。由于在模型训练中负样本的比例对需求预测结果有影响,因此可以通过对模型比例参数的标定,减少模型的偏差。假设 β 为模型 m 的负样本比例参数,Y 和 $\hat{Y}$ 分别为生成输出与实际的宏观需求比例,宏观偏差 $E = |Y - \hat{Y}|$,则 $\beta_j = \beta_{j-1} \times \dfrac{Y_j}{\hat{Y}_j}$,其中 j 表示第 j 次比例参数标定,$\beta_0 = 0.5$ 表示初始设定的 1:2 正负样本比例。本书通过比例参数的调整,具体地,次要出行链数量预测负采样正负样本比例参数为 1:6,子出行链比例参数为 1:1.3,主要出行链中间停驻点比例参数为 1:3,次要中间停驻点比例参数为 1:8,使得各自的数量需求与实际的偏差均保持在 3% 内。当实际的占比本身较小时,例如次要出行链中的中间停驻点占比可能不足 5%,即使偏差在 3% 内也是较大的偏差,因此可以在此基础上基于宏观调控层进行更精细的调整,使得最终偏差保持在 1% 左右。

3.5 本章小结

本章首先介绍了基于活动的模型分析理论,提出了本书基于活动的出行需求预测模型框架并构建了具体的模型模块,对模型特征变量进行了梳理,并对本书模型基本特征进行了简述。其次对基于机器学习方法的模型可解释性从基本概念和实现方法上进行了研究,并重点分析了深度神经网络和随机森林的可解释性。再次,基于问卷调查数据进行了模型验证样本的构建,并介绍了个体活动出行链的生成流程。然后从集计层面对长期选择层、活动链生成层和单次出行层中的各个子模型进行精度评估,发现对次要活动链和子活动链来说,其中间停驻点数量比实际

第3章　城市多模式网络活动出行链建模与选择行为分析

偏高,由于误差累计,活动的起止时间相对集中,与实际存在一定的偏差。因此,最后提出模型的参数标定,通过宏观调控层和调整负采样正负样本比例参数,对模型的参数进行标定,以提高模型的整体精度。

第 4 章 城际区域多模式链式出行行为分析

4.1 概述

本章主要介绍一种面向省域的多模式链式交通分配模型,要实现区域运输模式由单一方式运输转向多式协同联运发展,首先需要弄清区域内城际客运多式联运的出行需求,厘清城际出行行为机理,进一步在综合交通网下构建客运交通方式转移和路径选择模型。基于四阶段法的传统分配模型,由于受到数据的局限,往往仅考虑城际出行的典型直达方式,如高速公路、国省干道、铁路、航空等,忽略了换乘下的组合出行,这会在一定程度上错误估计连接枢纽场站通道的需求,最终导致错误的交通需求管理。而随着信息技术的发展,高速公路收费、高速公路和国省干道交调点、铁路和航空票根等丰富的多源 OD 数据为改进传统分配模型提供了可能。手机信令数据可以完整地记录用户的活动轨迹,在城际出行的研究中会弥补定位精度低、非连续跟踪的缺点。信息技术的发展为引入链式出行来进行城际多式联运出行需求的分析提供了可能。

通过手机信令数据实现省内区域区县级城际出行的方案选择集生成,构建区域客运交通方式转移模型,建立交通方式分配模型,在完整可信的全省区域区县级客运出行总 OD 矩阵的基础上,形成省内区县级准确的分方式 OD。

在交通分配/优化问题求解方面,包括遗传算法、PSO(Particle Swarm Optimization,粒子群优化)算法、ACO(Ant Colong Optimization,蚁群优化)算法等在内的启发式算法被大量运用于综合交通系统交通分配与分析,与此同时,针对传统模型局限性的大量研究也在进行,这推动了交通分配模型精度的提升与误差的减小。

4.2 基于随机用户平衡分配的多模式交通分配模型

4.2.1 相关理论

1) 随机用户平衡分配(Stochastic User Equilibrium,SUE)

传统的交通分配遵循 Wardrop 第一原理,即所有出行者独立地做出令自己的出行时间最小的决策,当网络达到平衡状态时,每个 OD 对的各条被使用的路径具有相等而且最小的出行时间,没有被使用的路径的出行时间大于或等于最小出行时间。

在实际的交通分配过程中,由于出行者很难准确得知出行方案的确切费用,更多的时候是基于自身认知的一种费用估计,因而若使其满足于 Wardrop 第一原理,则出行者应选择其估计的最小出行时间的路径来出行,当网络达到平衡时,任何一个出行者均不能通过单方面改变路径来降低其估计的出行时间。

问题中,出行者估计的路段出行时间为实际路段时间与随机项之和,即

$$T_a = t_a(x_a) + \varepsilon_a \tag{4-1}$$

式中,T_a 是对路段 a 的估计出行时间;随机项 ε_a 表示计算路段时间的不确定性。则路径 k 估计出行时间 C_{rs}^k 为:

$$C_{rs}^k = c_{rs}^k + \xi_{rs}^k \tag{4-2}$$

式中,c_{rs}^k 为 OD 对 rs 间路径的实际出行时间;ξ_{rs}^k 为对应的随机项。根据对随机项分布的不同假设,模型可以分为 Probit-SUE 模型和 Logit-SUE 模型。Probit-SUE 模型假定随机项的联合密度函数为正态分布,Logit-SUE 模型假定随机项相互独立且服从 Gumbel 分布,路径选择概率满足 Logit 函数。

随机平衡条件下,路径上的流量与 OD 对之间的流量关系为:

$$f_{rs}^k = q_{rs} P_{rs}^k(f), \forall l \neq k; \forall k, r, s \tag{4-3}$$

$$\sum_{k \in P_r} f_{rs}^k = q_{rs}, \forall r, s \tag{4-4}$$

式中,P_{rs}^k 为 OD 对 rs 间路径 k 被选择的概率,就是其估计阻抗在该 OD 对 rs 间为最小的概率,即 $P_{rs}^k = Pr(C_{rs}^k \leqslant C_{rs}^l), \forall l \neq k; \forall k, r, s$。

路段流量与路径流量的关系为：

$$x_a = \sum_r \sum_s \sum_k f_{rs}^k \delta_{rs}^{ak} \quad (4-5)$$

即路段流量为所有出行者选择的路径中经过该条路段的流量之和。

2）最短路径集

最短路径集即为 OD 对间出行者依据效用最低原则可能选择的路径的集合。一般而言，路径集的生成对于静态 SUE 问题是必需的，否则可能造成算法不收敛。很多算法，如 Dial[20]提出的 STOCH 方法和 k 最短路算法，可以用来生成随机交通分配所需的路径集。本项目模型中使用的最短路径集生成算法采用 k 最短路算法。

3）交通分配迭代算法

交通分配迭代算法即为求解该模型最终得到收敛的算法，不同的迭代算法在收敛速度上存在显著差异，进而影响模型求解效率。本模型迭代算法采用的是连续权重平均法（Method of Successive Weight Average，MSWA），基本思路是采用随机加载方法，迭代步长预先给定，下降方向为每次随机分配的附加交通量与上一次计算得到的交通量之差。其具体步骤为：

步骤 1：初始化。确定一个初始点 x^0，使得 $y^0 = F(x^0)$。令迭代次数 $n=0$，设置预定收敛参数 ε。

步骤 2：判断。计算 $|y^n - x^n|$，若 $|y^n - x^n| < \varepsilon$，停止计算，否则转到步骤 3。

步骤 3：更新。令 $\chi^n = \dfrac{n^d}{1^d + 2^d + \cdots + n^d}$，则 $x^{n+1} = x^n + \chi^n (y^n - x^n)$，$y^{n+1} = F(x^{n+1})$。

步骤 4：迭代。令 $n = n+1$，转到步骤 2。

式中，d 为校正参数，当 $d=0$ 时，MSWA 算法即为传统的 MSA（连续平均法）算法。d 的取值直接影响算法收敛的速度，d 越大，迭代初期点的权重越小，后期的收敛速度越快。

4.2.2 分配模型构建流程

链式出行交通分配模型构建流程如图 4.1 所示。

第4章 城际区域多模式链式出行行为分析

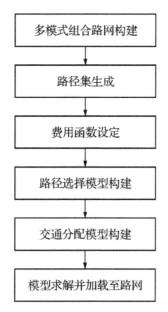

图 4.1 链式出行交通分配模型构建流程图

1) 多模式组合路网构建

交通分配模型就是将 OD 对之间的交通需求按照一定的原则分配到路网上去。因而,基于 GIS(Geographic Information System,地理信息系统)信息的区域路网构建是交通系统进行直观展示、科学计算和分析预测的基础。传统的交通网络模型以图论为基础,用节点和边组成的图来表示交通网络的空间位置与连通情况。随着交通基础设施的不断完善,交通网络日益复杂,在省际区域内已逐步建立起包括高速公路、铁路、国道、省道等多种层次的路网。单一网络图论模型已经难以适应多方式交通网络建模的需要,不能很好地表达各种方式间相互独立又互相关联的特性。因此,有必要选择一种新型的交通网络结构模型,以适应综合交通网络系统分析的需要。

在本次项目中,我们采用一种新型的组合路网在交通分配的过程中解决不同交通方式组合以及换乘的问题。该网络具有嵌套网络多层次、多级别、多属性的特征,子网络之间彼此独立又相互联系和影响。其总体架构如图 4.2 所示。

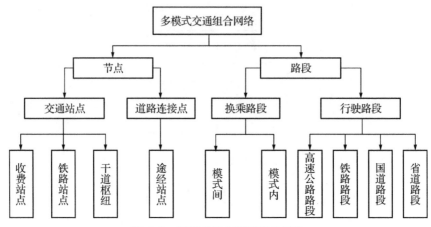

图 4.2　多模式组合路网总体架构

各交通子网络的构建方法如下：

高速公路子网络由表示收费站与服务区的节点和表示节点间道路路段的线段组成，换乘地点为收费站点。将实际物理节点和路段按空间位置关系表现在网络中。实线表示的运行路段可以代表多种属性，如路段长度、通行能力、道路流量、出行时间、出行费用等等。

铁路子网络由表示铁路站点节点和表示节点间道路路段的线段组成，换乘地点为各铁路站点。将实际物理节点和路段按空间位置关系表现在网络中。实线表示的运行路段可以代表多种属性，如路段长度、通行能力、道路流量、出行时间、出行费用等等。

国道子网络由表示国道节点和表示节点间道路路段的线段组成，换乘地点为各国道路段的起终点。将实际物理节点和路段按空间位置关系表现在网络中。实线表示的运行路段可以代表多种属性，如路段长度、通行能力、道路流量、出行时间、出行费用等等。

省道子网络由表示省道节点和表示节点间道路路段的线段组成，换乘地点为各省道路段的起终点。将实际物理节点和路段按空间位置关系表现在网络中。实线表示的运行路段可以代表多种属性，如路段长度、通行能力、道路流量、出行时间、出行费用等等。

构建多种交通方式子网络之后，按照物理位置对节点和路段进行系统的编号。然后，根据不同出行模式，连接在相邻物理位置具有换乘功能的节点成为换乘路段。添加换乘路段到网络中后，最终得到多模式交通组合网络。

第4章 城际区域多模式链式出行行为分析

2) 路径集生成

k 次最短路算法是一种近似搜寻最短路径集的算法。不同于依据有效路径进行路径枚举的 STOCH 算法,该种算法效率更高,更适合应用在本项目的大型路网中。

在生成路径集的过程中,需要反复 k 次计算 OD 对之间的最短路径,每次计算完最短路径后,都通过乘一个增大系数增大当前最短路径上所有路段的阻抗,该增大系数被称为最短路算法的惩罚系数,因而该算法也被称为惩罚算法。由于该算法执行过程中可能会得到重复的路径,在该过程中只有生成的路径不在路径集中,才可以添加到路径集中去。

其具体执行步骤如图 4.3 所示。

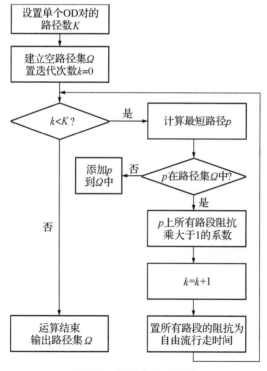

图 4.3 路径集生成步骤

在算法过程中,惩罚系数的选择比较关键。系数越接近 1,获取的 k 短路越不容易遗漏,但越容易获取到重复的路径;系数取值越大,获取的 k 短路越可能出现遗漏,但获取到重复的路径的可能性越小。在本项目中,依据已有研究的经验,将该系数设置为 1.2,每一对 OD 间的最大路径数设置为 18。

3）费用函数设定

假定路段费用相互独立,组合网络条件下路网中的广义路径费用可表示为各路段费用之和,即

$$c_w^p = \sum_l \delta_{lp} c_l \qquad (4-6)$$

式中,c_w^p 为 OD 对 w 间路径 p 的广义出行费用;c_l 为路段的广义出行费用;δ_{lp} 为路段路径关联关系,若路段 l 在路径 p 上为 1,否则为 0。

考虑组合出行的多模式交通网络路段包括行驶路段、换乘路段和上下网路段,为便于研究,将交通方式换乘的等待费用转到上网路段或换乘路段上。假定路段的费用主要由出行时间费用、货币时间费用和舒适度损耗-时间费用构成,其中出行时间费用主要指的是路段行驶时间费用,货币费用指的是路段行驶过路(高速公路、铁路)费用。舒适度损耗时间费用为乘坐某一出行方式的疲劳度表征。将三种费用线性加权,路段费用计算如下式所示:

$$c_l^i = \omega_T T_l^i + \omega_P P_l^i + \omega_U U_l^i \qquad (4-7)$$

式中,c_l^i 为第 i 种交通方式网络路段 l 的总费用;T_l^i 为第 i 种交通方式网络路段 l 的时间费用;P_l^i 为第 i 种交通方式网络路段 l 的货币时间费用;U_l^i 为第 i 种交通方式网络路段 l 的舒适度损耗-时间费用;ω_T、ω_P、ω_U 分别为时间、货币和舒适度三种影响因素的权重,$\omega_T + \omega_P + \omega_U = 1$。

（1）各类型路段费用。

① 高速公路路段。

高速公路行驶路段的出行时间受到路网流量以及通行能力的限制,可以由 BPR(Bureau of Public Road,美国联邦公路局)函数给出,高速公路行驶路段的出行费用主要为路段过路费用,可以通过路段长度与单位长度的过路费用计算得到。高速公路行驶路段的舒适度损耗随着出行时间的增加而增加。

$$T_l^1 = t_l^{01} \left[1 + \alpha \left(\frac{v_l}{C_l^1} \right)^\beta \right] \qquad (4-8)$$

$$P_l^1 = \eta \times \rho \times x_l \qquad (4-9)$$

$$U_l^1 = \lambda \times s^1 \times T_l^1 \qquad (4-10)$$

式中,t_l^{01} 为高速公路路段 l 上的自由流时间(s);v_l 为高速公路路段 l 上的交通量

第4章 城际区域多模式链式出行行为分析

(pcu/s);C_l^1 为高速公路路段的通行能力(pcu/s);α、β 为阻滞系数;x_l 为路段 l 的长度(m);ρ 为过路费(元/m);s^1 为小汽车单位时间舒适度损耗(/s);T_l^1 表示拥挤程度,值越大表示越拥挤;η、λ 分别为货币时间费用折算系数及舒适度损耗时间折算系数,前者由江苏省人平均年收入折算所得,取值为 3.09,后者依据相关文献调查所得,取值为 0.5。

② 铁路路段。

铁路行驶在固定的轨道上,因而行驶时间不受拥挤程度的影响,但是铁路具备严格的容量限制,为了考虑这一特征,采用 Davidson 函数给出其行驶时间的费用函数。具体表达式如下:

$$T_l^2 = t_l^{02}\left(1 + j \times \frac{v_l}{C_l^2 - v_l}\right) \quad (4-11)$$

$$P_l^2 = \eta^* \rho^* x_l \quad (4-12)$$

$$U_l^2 = \lambda \times s^2 \times T_l^2 + \frac{60 v_l}{C_l^2} \quad (4-13)$$

式中,j 为阻滞系数;t_l^{02} 为铁路路段 l 上的运行时间(s);v_l 为铁路路段 l 上的交通量(人次/s);C_l^2 为铁路路段 l 的通行能力(pcu/s);s^2 为单位时间舒适度损耗(/s);其余参数含义同上。

③ 国省干道路段。

由于国省干道路段在行驶方式上与高速公路路段具有相似性,因而在路段行驶费用上与高速公路都取 BPR 函数。由于一般情况下国省干道路段不存在过路费用,因而货币时间费用取值为零,舒适度函数取值形式也同高速公路路段。具体表达式如下:

$$T_l^3 = t_l^{03}\left[1 + \alpha\left(\frac{v_l}{C_l^3}\right)^\beta\right] \quad (4-14)$$

$$P_l^3 = 0 \quad (4-15)$$

$$U_l^3 = \lambda \times s^3 \times T_l^3 \quad (4-16)$$

式中,t_l^{03} 为国省干道路段 l 上的自由流通行时间(s);v_l 为国省干道路段 l 上的交通量(人次/s);C_l^3 为国省干道路段 l 的通行能力(pcu/s);s^3 为单位时间舒适度损耗(/s),其余参数含义同上。

(2) 换乘路段费用。

换乘路段费用包括上网路段的行驶时间费用以及换乘过程中可能存在的等待时间费用。考虑到大多数路网间换乘属于城市内出行,路段通行平均速度取值为城市机动车估算平均出行速度(11.11 m/s),通行能力采用城市单向三车道的标准通行能力。由于高速公路、国道、省道出行具有一致性,因而此三者之间的换乘不设换乘等待时间,而对于高速公路、国道、省道三者与铁路之间的换乘,根据实际情况设定公路换乘铁路的等待时间为1 800 s,铁路换乘公路的等待时间为900 s,换乘路段的舒适度损耗与出行方式无关,只与换乘时间有关,换乘时间越短,换乘越顺利,舒适度损耗便越低。具体表达式如下:

$$T_l^4 = t_l^{04}\left[1+\alpha\left(\frac{v_l}{C_l^4}\right)^\beta\right] \quad (4-17)$$

$P_l^4 = 0$(国道、省道、高速公路之间)

$P_l^4 = 30$(国道、省道、高速公路换乘铁路)

$P_l^4 = 15$(铁路换乘国道、省道、高速公路)

$$U_l^4 = \lambda \times T_l^4 \quad (4-18)$$

式中,t_l^{04} 为换乘路段 l 上的自由流通行时间(s);v_l 为路段 l 上的交通量(人次/s);C_l^4 为换乘路段 l 的通行能力(pcu/s);其余参数含义同上。

4) 路径选择模型构建

路径选择是交通分配过程中的关键环节,Logit 路径选择模型因具有计算简单等特点而被广泛采用,但传统的 Logit 路径选择模型因有 IIA(independence of irrelevant alternatives,不相关选择的独立性)特性而影响配流的效果。因而在本项目中,在 Logit 路径选择模型的基础上考虑路径费用,建立基于 PSL(path-size logit,路径重叠逻辑模型)的随机用户均衡模型(PSL-SUE 模型)。该模型在进行交通分配时考虑了重叠路径费用的因素,可以部分消除由传统 Logit 路径选择模型对误差项的 IID(independent iderstically distribution,独立同分布)假设引起的 IIA 问题。

与传统的 Logit 路径选择模型相比,在 MNL 模型中增加了一项修正项,构成 PSL 模型,PSL 模型仍然保留了 MNL 模型中易于计算的数学结构,如下式所示:

$$P_k = \frac{\exp(V_k + \ln S_k)}{\sum_{l \in K_{rs}} \exp(V_l + \ln S_l)} \quad (4-19)$$

$$V_k = -\mu c_k, \forall k \in K_{rs} \quad (4-20)$$

式中，P_k 为选择路径 k 的概率；c_k 和 V_k 分别为路径 k 的特性变量和系统效用；μ 值为正的参数；K_{rs} 为 OD 对 rs 上的路径集合；S_k 为修正项，有不同的形式。本项目采用的是 Ben-Akiva 等提出的修正项，即：

$$S_k = \sum_{a \in \Gamma_k} \frac{l_a}{L_k} \frac{1}{\sum_{j \in K_{rs}} \delta_{aj} \frac{L_{C_n}^*}{L_j}} \quad (4-21)$$

式中，l_a 为路段 a 的费用；L_k 为路径 k 的长度；Γ_k 为路径 k 的路段集合；若路段 a 在路径 k 上，则 $\delta_{aj}=1$，否则为 0；C_n 为路径集合；$L_{C_n}^*$ 为 C_n 上的最小路径费用。

5) 交通分配模型构建

根据以上对传统 Logit 模型的改进，本项目构建了一个基于 PSL 的 SUE 交通分配模型。

$$\min Z(f) = \sum_a \int_0^x t_a(x_a) \mathrm{d}w + \frac{1}{\theta} \sum_r \sum_s \sum_k f_{rs}^k (\ln f_{rs}^k - \ln S_k) \quad (4-22)$$

$$\sum_k f_{rs}^k = q^{rs} \quad \forall r,s \quad (4-23)$$

$$f_{rs}^k \geqslant 0 \quad \forall k,r,s \quad (4-24)$$

$$x_a = \sum_r \sum_s \sum_k f_k^{rs} \delta_{a,k}^{rs}, \forall a \in A \quad (4-25)$$

式中，x_a 为路段 a 上的流量；$t_a(x_a)$ 为行驶路段 a 所需的平均费用；f_k^{rs} 为 OD 对 rs 之间的路径 k 的交通流量；θ 为非负的校正参数。该模型是以路径流量 f_k^{rs} 为变量的固定需求的随机用户均衡模型。

(1) 模型等价性证明。

由 PSL-SUE 模型的 KKT(卡鲁什-库恩-塔克)条件易证 PSL-SUE 模型的解为：

$$f_k^{rs} = \frac{\mathrm{e}^{-\mu c^s + \ln S_k}}{\sum_k \mathrm{e}^{-\mu c_k^s + \ln S_k}} q^{rs} \quad (4-26)$$

与传统 Logit 模型相同,即 PSL-SUE 模型的解与随机用户平衡解是一致的。

(2) 唯一性证明。

通过对模型目标函数求二次偏导,可以得到

$$\frac{\partial^2 Z(f)}{\partial f_l \partial f_k} = \begin{cases} \dfrac{1}{\theta f_k}, & l=k \\ 0, & l \neq k \end{cases} \tag{4-27}$$

由于 $f_k^{rs} > 0$ 且当 $\theta > 0$ 时,Hessian 矩阵严格正定,所以 PSL-SUE 模型有唯一解。

6) 模型求解算法

本项目基于 MSWA 算法求解模型,具体算法步骤如下:

(1) 初始化。基于初始阻抗 t_a^0,对于给定的 OD 需求量执行一次 PSL 加载,得到一组路径流量 f_k^{rs},从而获得了一组初始路段流量 x_a,令迭代次数 $n=1$。

(2) 更新路段阻抗。根据当前的路段流量 x_a^n,更新路段阻抗,令 $t_a^n = t_a(x_a^n)$。

(3) 方向搜索。根据当前的路段阻抗 t_a^n,执行一次 PSL 加载,得到一组辅助路段流量 y_a^n。

(4) 更新路段流量。根据搜索方向 $\{y_a^n - x_a^n\}$ 应用 MSWA 算法,更新路段流量,其中 d 取 1。

$$x_a^{n+1} = x_a^n + \chi^n(y_a^n - x_a^n) \tag{4-28}$$

$$\chi^n = \frac{n^d}{1^d + 2^d + 3^d + \cdots + n^d} \tag{4-29}$$

(5) 收敛判定。若已满足收敛指标要求,则停止迭代;否则令 $n=n+1$,并转至步骤(2)。

4.3 基于 SPSA 的出行行为模型参数标定

参数标定是运用数学手段,根据实际数据,将模型中的特定参数和待定参数具体化的过程。在交通分配模型中,路段属性、交通流特性以及个人出行行为等需要依靠大量的独立参数来描述,其参数的取值将直接影响分配结果。因此,在交通分配模型的实际应用中,必须根据分配区域的交通特性和个人属性对分配模型的参数进行标定,以确保分配模型的有效性。通过参数标定,交通分配模型才能从纸面上的公式转化为具体理论并运用于实践中。然而,交通分配模型的参数标定是一项复杂且系统的工作,特别是大型的交通网络,其环境复杂,需标定的参数众多,用人工的方法标定参数不仅耗时长,且不易找到最优解。

因此,采用先进的计算机算法进行交通分配模型的参数标定得到了充分重视,如遗传算法(genetic algorithm,GA)、模拟退火算法等。然而,由于GA等算法在大型网络中存在局部搜索效率低、标定时间长、收敛速度慢等缺点,提出基于SPSA算法的综合交通链式出行行为模型参数标定方法。

4.3.1　SPSA算法基本原理

SPSA(simultaneous perturbation stochastic approximation,同步扰动随机逼近)算法是Spall于1987年根据Kiefer-Wol-forwitz(KW)随机逼近算法改进而成。KW算法是以有限差分梯度逼近为基础,在每次梯度逼近中需要利用目标函数的$2p$(p为向量的维数)个估计值。而SPSA算法在每次梯度逼近中只利用了目标函数的两个估计值,与向量的维数无关,在解决高维问题以及大规模随机系统优化中更能体现其优越性。

若以$\hat{x}_k$表示x在第k次迭代的估计值,$g(\hat{x}_k)$表示梯度$g(x)$的估计值,SPSA算法的迭代公式为$\hat{x}_{k+1}=\hat{x}_k-\alpha_k\times g(\hat{x}_k)$,其优化目标函数为

$$z(x)=L(x)+\varepsilon \tag{4-30}$$

其中$L(x)$表示目标函数的平均估计值;ε表示影响估计目标函数值的噪声。若能得到目标函数的精确估计值,则$\varepsilon=0$。SPSA算法的执行步骤如下:

(1) 令$k=0$,并选择初始点的估计值$\hat{x}_k$。

(2) 产生序列,$\{c_k\}$及独立同分布且均值为零的p维向量Δ_k,其中$\alpha_k=a/(A+k+1)^\alpha$,$c_k=c/(k+1)^\gamma$($\alpha$、$c$、$A$、$k$、$\gamma$为参数)。

(3) 产生目标函数的两个估计值$L(\hat{x}_k+c_k\Delta_k)$和$L(\hat{x}_k-c_k\Delta_k)$。

(4) 产生对未知梯度$g(\hat{x}_k)$的逼近梯度:

$$g(\hat{x}_k)=\frac{L(\hat{x}_k+c_k\Delta_k)-L(\hat{x}_k-c_k\Delta_k)}{2c_k\Delta_k} \tag{4-31}$$

(5) 更新变量,令$\hat{x}_{k+1}=\hat{x}_k-\alpha_k\times g(\hat{x}_k)$。

(6) 判断准则,如果准则不满足,则$k=k+1$,转步骤(2)。

在步骤(2)中,α和γ可分别取渐进最优值,c一般取噪声的标准偏差,A根据

具体的情况取值,一般小于或等于期望迭代的最大代数的10%。

4.3.2 标定参数选取

在交通分配模型中,路段路阻(BPR 函数、Davidson 函数)和个人选择模型都会直接影响分配结果的准确性。针对分配模型的特点,选取了 BPR 函数中的 α 和 β、选择模型中的 θ 和 σ、费用权重 w_i 和 ω_i 以及折减系数 γ_i 四类关键参数。

首先,依据交通网络的路段性质不同,采取以实际流量判断道路运行状况(拥堵、畅通等)的方法,进而用不同的 BPR 函数来表征。将高速公路路段流量分成五类,标定出五类 BPR 函数来体现路段的不同属性。

在考虑居民路径选择模型时,以不同距离为界限给出不同的选择模型参数,分别为市内出行、短距离出行、中距离出行和长距离出行,从而更好地服务于江苏都市圈。不同的选择模型参数更能体现居民在面对不同的出行距离时路径费用和路段重叠的影响变化。在路径费用中,为了表现江苏省居民对于出行时间费用、货币时间费用、舒适度损耗时间费用的考虑,引入了费用的权重系数 w_i 和 ω_i。同时,由于高速公路、铁路、国省干道都存在过境车辆,且不同路段过境流量比例不同,在进行标定时加入了折减系数 γ_i。标定参数数目总共为26个,具体如表4.1所示。

表 4.1 所需标定参数

	标定参数
BPR 函数	$\alpha_1, \alpha_2, \alpha_3, \alpha_4, \alpha_5, \beta_1, \beta_2, \beta_3, \beta_4, \beta_5$
选择模型系数和费用权重系数	$\theta_1, \theta_2, \theta_3, \theta_4, \sigma_1, \sigma_2, \sigma_3, \sigma_4, w_1, w_2, w_3, \omega_1$
折减系数	$\gamma_1, \gamma_2, \gamma_3, \gamma_4$

4.3.3 目标函数

参数标定以实现模型分配的结果与实测结果的最大耦合度为目标。以各路段流量的匹配为最终目标,使用平均绝对百分比误差(MAPE)来评价模型的精度:

$$\text{MAPE} = \frac{1}{n} \sum_{i=1}^{n} \left| \frac{\hat{y}_i - y_i}{y_i} \right| \tag{4-32}$$

式中,$\hat{y}_i$ 为预测值;y_i 为真实值。

MAPE 的范围为 $[0, +\infty)$,当 MAPE 等于 0% 时,表示完美模型,MAPE 大于100% 时则表示劣质模型。需要注意的是,当真实值有数据等于 0 时,默认其为未开通路段,不作考虑。

4.3.4 参数标定方法设计

现阶段国内外对综合交通网络体系的研究较为薄弱,定量的综合交通体系理论模型少,与实际业务应用联系不足,且缺少可靠的仿真模型为一体化运输方案提供坚实的支撑。针对以上问题,提出图4.4中基于链式出行的综合交通网多方式流量分配的标定框架。

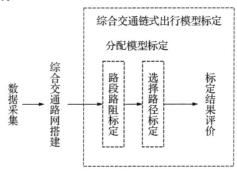

图4.4 基于链式出行的综合交通网多方式流量分配的标定框架图

数据采集和综合交通路网搭建:在基于链式出行的综合交通网多方式流量分配模型标定之前,需对相关数据进行采集。所采集的数据包括:各方式路网路段属性(车道数、平均速度等)、标定所需数据(路段流量)和区县之间的OD。在搭建综合交通路网时,需重点考虑中转路段的速度、车道数以及中转的等待时间等。

综合交通链式出行模型的标定包括两个主要步骤。

步骤一:分配模型标定。

分配模型标定包括:路段路阻标定和选择路径标定。先对不同属性的路段进行标定,以保证路网的交通参数达到一定的精度范围;再从居民的出行行为出发,对选择路径进行标定,从而提高模型分配精度,更加贴近现实。

(1) 路段路阻标定。

在过去的研究中,在标定交通路网时,往往是将路网中的所有路段都视为统一路段进行标定,其标定的参数更多反映基本路段的属性特征,但是在综合交通路网里,不同路段的交通特性差异较大,统一路段参数会使得分配结果变得不准确。因此,在对路段路阻进行标定时,将路段按照流量大小分成五类,根据不同类型路段的匹配效果,得到五组BPR函数参数值。铁路的路阻主要受到座位数限制,标定时不考虑。

(2) 选择路径标定。

选择路径标定是在完成路段路阻标定的基础上,根据居民的出行行为,对选择模型中的参数进行标定。选择模型除了考虑 OD 之间的路径费用,还考虑路段的重叠。在计算路径费用时,不仅考虑各个路段的路阻,还引入了货币时间费用、舒适度损耗时间费用,在标定费用的权重系数 w_i 和 ω_i 时,能够更贴近居民的出行偏好。同时,居民在出行时,出行的距离会影响路径选择,因此,在标定选择模型时,根据 OD 之间的距离,把 OD 分成了四类——市内出行、短距离出行、中距离出行、长距离出行,每类 OD 分别标定了四类选择路径参数。最后,引入的折减系数能够消除过境流量的影响,使得分配模型更加符合实际的运行特性,从而提高分配模型的精度。

综合交通链式出行模型标定技术路线如图 4.5 所示。

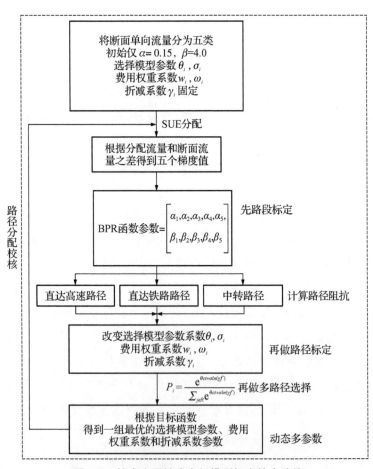

图 4.5 综合交通链式出行模型标定技术路线

步骤二:标定结果评价。

将标定后的参数输入基于链式出行的综合交通网多方式流量分配模型,运行并输出分配结果,根据路网匹配效果,对实测数据、默认参数分配效果、路网整体标定后分配结果进行对比分析,验证模型的有效性。

4.4 本章小结

本章介绍的面向省域的多模式链式交通分配模型,采用一种新型的组合路网在交通分配的过程中解决不同交通方式间组合以及换乘的问题。该网络相互嵌套,具有复杂立体结构,且属性多样,不同层级网络间存在明显异质性,且网络层级之间相互关联与影响。通过手机信令等数据确定相同类型路段之间的路阻与不同类型路段之间的换乘路阻,并用数学函数进行表示。基于路阻生成出行OD之间的路径选择集,并基于随机用户均衡原则建立交通分配数学模型,并进行交通分配,利用连续权重平均法求解数学模型,得到路段与路径流量分配结果,与手机信令得到的实际数据进行比较并对参数进行标定,提高分配精度。该模型在具有手机信令数据与路网GIS信息的前提下,可以有效对省域大规模路网中多模式交通流量进行分配,并且通过标定算法减小分配结果与实际流量之间的差距,保障精度,从而对省域范围内多模式交通规划做出指导。

第5章　考虑广义路径重叠的城市多模式路径选择行为分析

5.1　概述

路径选择模型对于预测出行需求、评估交通政策(如拥堵定价)和开发先进的出行信息系统(如定制路线指南)至关重要,其实际意义和理论价值,已从方法论和实践角度得到广泛研究[21]。随着交通系统和相关技术的发展,路线选择模型的构建方法总是在变化。近年来,随着大数据分析、共享移动、自动驾驶技术和物联网的快速发展,"移动即服务"(MaaS)的概念应运而生[22]。因此,在 MaaS 时代,路径选择建模的新场景应用将带来一些挑战。

MaaS 的定义为"通过创建和管理行程的统一网关,将公共和私人运输提供商的运输服务结合在一起,用户可以用单个账户支付"。MaaS 具有许多不同方面和领域的特点,其中之一就是出行方式的融合[23]。MaaS 的一个目标是鼓励使用公共交通服务,通过整合多式联运,允许用户选择多式联运出行。其出行方式可能包括但不限于:公共交通、出租车、汽车共享、自行车共享、汽车租赁、按需公交服务以及步行。它还设想了一种超越城市边界的服务,包括长途公共汽车、火车、航班和渡轮。

因此,在 MaaS 时代,一次出行的备选路线将不再是单模路径,而是在多式联运系统中利用多种出行方式的组合路线。当路径选择建模问题转变为多模组合路径选择建模问题时,一些新的挑战产生了。

例如,组合路线的随机效用之间的相关性将比单模路线更复杂。因此,现有的单模式路径选择模型不适合直接应用于组合路径选择建模中。我们应该扩展现有模型或开发新的组合路径选择模型,以克服 MaaS 时代提出的新挑战。

第5章 考虑广义路径重叠的城市多模式路径选择行为分析

5.1.1 相关研究

路线选择建模是为了确定出行者从一个地点到另一个地点所走的路线。为解决出行需求预测的经典问题,研究了多种出行方式下的路径选择模型,包括私家车[24-25]、出租车[26-29]、公共交通[30-31]、自行车[32-33]、行人[34-35]等。

从方法论上看,各种出行方式的路径选择模型是一致的,并且主要基于离散选择理论。随机效用理论(random utility theory,RUT)框架[36]是最常用的方法,本书也采用了该框架。假设驾驶员以效用最大化准则进行路径选择,在此框架下,多项 Logit(MNL)模型是基于 Logit 的随机用户均衡(SUE)交通分配模型中最简单且应用最广泛的模型[36]。

然而,MNL 模型假设误差项是相同且独立分布的。在路线选择的情况下,这种假设将导致有偏差的估计,主要是因为备选路线重叠。为了处理重叠问题,已经提出了几种基于 RUT 的模型,包括 C-logit 模型[37]和路径大小 Logit(PSL)模型[38]。这两个模型保持了简单的 Logit 结构,并在效用函数的确定性部分引入了一个校正项来表示备选路线之间的相关性。

为了考虑效用随机部分内部的相似性,在以往的研究中提出了一些广义极值(generalized extreme value,GEV)模型,如配对组合 Logit(PCL)模型[39]、链接嵌套 Logit 模型[40]和广义嵌套 Logit(GNL)模型[41]。这些模型可以应用于交通分配问题。然而,以往应用 GEV 模型的研究存在一些计算和行为问题[20]。除 GEV 模型外,多项 Probit(Multinomial Probit,MNP)模型[42]和因子解析形式的 Logit Kernel 模型[43]也可以克服误差项的重叠问题。由于这些模型不具有封闭形式,因此采用仿真方法对其进行估计。

与单模态场景相比,多模态路径选择建模的研究相对较少,主要是在网络建模的背景下,作为一个组合模态拆分和交通分配(combined modal split and traffic assignment,CMSTA)问题进行讨论[44-50]。在这些研究中,建模方法是相似的,即采用分层组合模式-路径选择模型框架,如图 5.1 所示。

下层由几种特定模式的路径选择模型组成,如确定性最短路径(SP)、MNL、PSL、GNL 和 PCL 模型。我们可以为每种模式选择最合适的模型。基于路线选择模型,可以计算出特定模式的服务水平(level of service,LOS)度量,如预期感知效用(或预期广义出行成本),作为上层出行模式选择模型的解释变量。上层的出行模式选择模型可以基于 MNL 进行简单的开发,也可以进一步细分为基于嵌套

多模式交通系统出行行为分析
Travel Behavior Analysis in Multimodal Transportation Systems

Logit (Nested Logit, NL)[48]、交叉嵌套 Logit (Cross-Nested Logit, CNL)[49]等层次结构。在最近的一项研究中,在模式选择层面上考虑了多种模式(如停车换乘)的使用,但事实上,它只是将停车换乘模式视为一种预定义的特殊出行模式,相当于单一模式的使用,并且仍然可以归为图 5.1[49]所示的框架。在这个框架中,每条路线只能属于一个巢穴,这代表了一种出行模式。虽然在不同的出行中考虑了不同的出行模式,但这些模型实际上是假设出行者在一次出行中只使用一种模式。这些研究没有考虑出行者在一次出行中使用多种出行模式的情况。

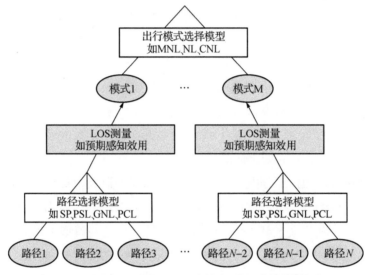

图 5.1 现有研究中的分层组合模式-路径选择模型框架

在最近的研究中,超级网络被用于在一个统一的网络中表示多模态网络[51-56]。利用超网络框架,可以方便地考虑单次出行使用多种模式的组合。

然而,这些研究主要集中在网络建模上,仅假设确定性最短路径规则,或采用经典的路径选择模型,如 MNL。备选多式联运路线之间的复杂关联很少被讨论。

在个体选择建模领域,多模式路线选择建模的研究受到限制,可能是因为在 MaaS 时代之前难以在分解层面收集足够的多模式出行观测数据。我们只找到了一些关于多式联运公共交通系统的前期研究[57-61]。在这些研究中,明确地将一次出行中多种出行模式的组合利用视为多模式路线。在多式联运网络的背景下定义了一些路径长短校正术语,以捕获多式联运路线之间的重叠[60]。在动态交通分配

第 5 章 考虑广义路径重叠的城市多模式路径选择行为分析

领域,一些研究者也开发了一些多模式路线选择模型。然而,尽管它们在一定程度上可以起作用,但这些多模式路径大小校正项不能对多模式路径之间复杂的相关性给出一些明确的解释。特别是这些研究没有考虑本书所定义的出行模式重叠(TMO)。实际上,他们只是改变了计算路径大小的方式,从依赖于整个路线转变为依赖于具有相同出行模式的子路线。正如提出多模式路径大小模型的作者所指出的,对多模式路径重叠的研究尚未得到巩固[57],近年来很少进行讨论。在我们之前的一些研究中,我们使用多级混合 Logit 模型来考虑由出行者具有相同 OD 对所产生的复杂相关性问题,这引出了本书提出的模型[62-63]。

5.1.2 目标与贡献

基于以上相关研究,本章的目的是提出一种多模式网络下的路线选择建模方法,明确考虑单次出行中使用多种出行方式的可用组合路线之间的复杂相关性。

因此,本研究的主要贡献包括为多模式网络环境下的组合路径选择问题提供了一个整体框架,以及用于处理广义重叠问题的多层次混合 Logit 模型[64]。广义重叠问题将在下一节中定义。在此基础上,提出了多模式交通网络的交通分配问题。通过数值研究,分析了广义重叠对路径选择预测和均衡交通流的影响。

本章的其余部分组织如下。5.2 节首先针对多模式网络给出了多模式组合路径选择和广义路径重叠问题。然后,5.3 节提出了考虑广义路径重叠的组合路径选择问题的多层次混合 Logit 模型,以及相应的多模式网络交通流分配不动点模型。在 5.4 节中设计了一个网络实例用以验证所提出模型的有效性。5.5 节对本章进行总结。

5.2 基于多模式超级网络的组合路径构建

在本节中,我们将用一个简化的例子来说明组合路径选择和广义路径重叠问题。示例性网络如图 5.2 所示。游客从郊区(O)到城市中心(D)通勤,交通设施有三种:道路线路、公交线路和地铁线路。

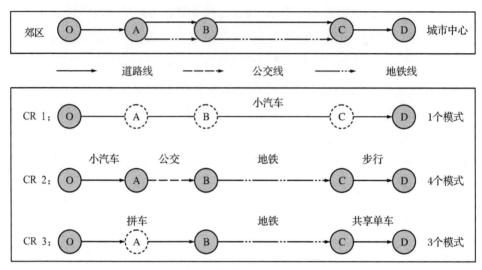

图 5.2　一个说明性的网络和组合路线

5.2.1　组合路线选择

如图 5.2 所示,在 MaaS 场景中,虽然只有三种交通设施,但出行者可以方便地组合使用 6 种以上的出行方式:小汽车、公交车、地铁、拼车、共享单车、步行。

本例中显示了三个组合路由。

CR 1 是一条传统路线,只有一种模式,即驾驶小汽车。

CR 2 结合了 4 种出行模式:从 O 点开车到 A 点,然后乘公交车从 A 到 B,然后从 B 站乘地铁到 C 站,最后从 C 步行到 D。CR 2 实际上是文献[49]中提出的远程停车换乘(remote park and ride,RPR)方案。该方案的提出是基于地铁站附近(本例中为 B 地)的土地价值相对较高,从而大大增加了停车换乘服务的建设成本。因此,将(停车换乘 park and ride)服务的停车位选址在土地价值较低的欠发达地区(A 地),并使用专用的快速公交服务(A 至 B 公交线路)将停车位与地铁站连接起来是合理的。

CR 3 结合了共享模式和地铁,这是近年来在中国流行的,也是笔者在日常生活中经常使用的。在中国大城市的早高峰,郊区和中央商务区之间的道路网络出行走廊通常严重拥堵。因此,对于没有(或不喜欢使用)小汽车的出行者来说,CR 3 是一个很好的选择,可以利用便利的拼车平台(如中国的滴滴出行)从 O 点到 A 点。从 B 点乘地铁到达 C 点后,很有可能工作地点 D 距离地铁站 C 点超过 1 km。这时共享单车可能是一个更好的选择。

第5章 考虑广义路径重叠的城市多模式路径选择行为分析

传统的路径选择建模问题只考虑单一模式。然而,根据上面的例子,在 MaaS 时代,由于多式联运系统的高度集成,出行者在一次出行中组合使用两种或两种以上的出行方式将是一种常见的场景。综合路线选择(CRC)建模问题将给 MaaS 时代综合多式联运系统的开发和分析带来许多新的挑战。

在本研究中,我们将重点研究广义路径重叠问题,这将在以下部分进行说明。

5.2.2 广义路径重叠

基于随机效用理论,广泛使用的 MNL 模型假设可选方案的随机效用是独立的。然而,在路径选择的情况下,这个假设不能被满足。重叠备选路由的随机效用是相关的,因为它们同时包含重叠链路段中未观察到的属性。这在文献中被称为路径重叠问题,主要在单模式道路网络环境下解决,重叠被定义为道路上的物理重叠[38]。

在本研究中,我们探讨了多模式网络的组合路径选择模型。出行者可以在一次出行中使用多种出行模式。那么,将物理重叠视为相关性的唯一来源就不合适了。Hoogendoorn-Lanser 等[60]总结了以下几种可能是多模式网络中相关性来源的元素:节点、模式、服务、路径和运行。

在本研究中,我们只考虑了如图 5.3 所示的出行模式重叠(TMO)和物理路径重叠(PPO),它们是必不可少的,并被定义为本研究的广义路径重叠(GPO)。

以图 5.2 所示的简单网络为基础,图 5.3 显示了在多模式组合路线 CR 1 和 CR 2 之间重叠的部分广义路径。CR 1 的 O—A 线与 CR 2 的 O—A 线具有 TMO 和 PPO 的重叠方式,因为它们共享相同的出行方式(即小汽车)和物理路段。CR 1 的 A—B 线和 CR 2 的 A—B 线之间只存在 PPO,因为它们从 A 到 B 使用相同的路径,虽然使用的出行方式不同。

例如,CR 1 的 C—D 线和 CR 2 的 O—A 线虽然没有物理路径上的重叠,但由于它们都使用小汽车作为出行方式,所以存在 TMO。

现有文献中的路径选择模型不能明确地同时考虑 TMO 和 PPO。在下一节中,我们将提出一个灵活的组合路径选择模型来考虑多模式网络中的 GPO。

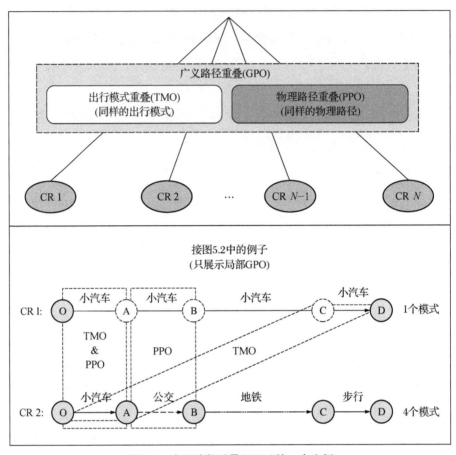

图 5.3　广义路径重叠(GPO)的一个实例

5.3　考虑广义路径重叠的多层次混合 Logit 选择模型

5.3.1　路径选择模型的超级网络表述

在建立模型之前,首先提出用以表述所研究交通网络的超级网络结构,见图 5.4。在超级网络 $SN=\{N_0,N_1,\cdots,N_m,\cdots,N_M\}$ 中,$N_m=\{P_m,A_m\}$ 表示每种出行方式所代表的网络。其中,N_0 是由图 5.4 中的转移路段和其他网络中的节点组成的转移网络;N_1 表示活动网络,由代表活动位置的节点组成的网络,如出行的起讫点;$P_m=\{P_{m,n}\}$ 表示网络 N_m 中的路段集合,n 为物理节点的标签,即示例网络中的 A—D 点;$A_m=\{a_{m,l}\}$ 表示 N_m 网络中的路段集合,l 表示物理

第5章 考虑广义路径重叠的城市多模式路径选择行为分析

路段的标签。因此,在超级网络中每条路段 $a_{m,l}$ 除广义费用以外,还有出行方式和物理路段两项属性。

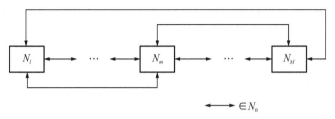

图 5.4 超级网络结构

5.3.2 多层次混合 Logit 模型

在原始 MNL 模型中,路径 i 的效用函数为:

$$U_i = \boldsymbol{\alpha}^{\mathrm{T}} \boldsymbol{Y}_i + \varepsilon_i \tag{5-1}$$

其中,U_i 为路径 i 的随机效用;$\boldsymbol{Y}_i$ 为观测到的路径特性向量;$\boldsymbol{\alpha}$ 为出行者对路径特性偏好的待测系数向量;ε_i 为 IID(独立同分布)假设下,具有标准参数的 I 型极值分布的随机项。

由于需要满足 IID 假设,本研究提出如下多层次混合 Logit 模型,以解决广义路径重叠问题。

首先,根据是否可按路段相加将路径特性分为两个部分,效用函数可表示为:

$$\begin{cases} U_i = U_i^L + U_i^R \\ U_i^L = \sum_{a_{m,l} \in i} u_{m,l} = \sum_{a_{m,l} \in i} (\boldsymbol{\beta}^{\mathrm{T}} X_{m,l} + p_{m,l}) \\ U_i^R = \boldsymbol{\alpha}^{\mathrm{T}} \boldsymbol{Y}_i + \varepsilon_i \end{cases} \tag{5-2}$$

其中,U_i^L 为路径效用中可按路段相加的部分;U_i^R 为不可按路段相加的部分;$a_{m,l}$ 为路径 i 上出行方式为 m 且物理路段为 l 的路段;$u_{m,l}$ 为路段 $a_{m,l}$ 的路段效用;$X_{m,l}$ 为该路段的观测特性;Y_i 为不可按路段相加的路径特性向量;$\boldsymbol{\alpha}$ 和 $\boldsymbol{\beta}$ 为待定参数;ε_i 为假设所有可选路径均满足 IID 假设时,具有标准参数的 I 型极值分布的路径效用随机项;$p_{m,l}$ 为路段随机项。

$$p_{m,l} = (\boldsymbol{\gamma}_m^{\mathrm{T}} + \boldsymbol{\eta}_l^{\mathrm{T}}) X_{m,l} \tag{5-3}$$

其中,$\boldsymbol{\gamma}_m$ 为满足均值为 0 正态分布的出行方式特性向量;$\boldsymbol{\eta}_l$ 表示满足均值为 0 正态分布的物理路段特性向量;$\boldsymbol{\gamma}_m$、$\boldsymbol{\eta}_l$ 及 ε_i 之间两两相互独立。根据这一特性,

$p_{m,l}$ 的标准差为路段特性 $X_{m,l}$ 的比例。因此,效用函数可扩展为:

$$U_i = \sum_{a_{m,l} \in i} [(\boldsymbol{\beta} + \boldsymbol{\gamma}_m + \boldsymbol{\eta}_l)^{\mathrm{T}} X_{m,l}] + \boldsymbol{\alpha}^{\mathrm{T}} Y_i + \varepsilon_i \tag{5-4}$$

其中:

$$\boldsymbol{\gamma}_m \sim N(0, \sum m)$$
$$\sum m = \mathrm{diag}[\sigma_{m,o}^2(\boldsymbol{\gamma}) \mid o = 1, 2, \cdots, O]$$
$$\boldsymbol{\gamma} = \{\boldsymbol{\gamma}_m \mid m = 1, 2, \cdots, M\}$$
$$\boldsymbol{\eta}_l \sim N(0, \sum l)$$
$$\sum l = \mathrm{diag}[\sigma_{l,o}^2(\boldsymbol{\eta}) \mid o = 1, 2, \cdots, O]$$
$$\boldsymbol{\eta} = \{\boldsymbol{\eta}_l \mid l = 1, 2, \cdots, L\} \tag{5-5}$$

其中,o 和 O 分别为观测特性的序列数和总数;l 和 L 分别为物理路段的序列数和总数;m 和 M 分别为出行方式的序列数和总数。由于路段数量较大,为减少参数数量,令 $\boldsymbol{\eta}_l$ 的所有路段的第 o 个观测特性都满足 IID 假设,且符合均值为 0、标准差为 $\sigma_o(\eta)$ 的 Gumbel 分布。

广义路径重叠问题由可选路径之间的随机效用相关性衍生而来。在 MNL 模型中,路径效用的随机部分仅考虑可选路径的路径特性随机项 ε_i,且该项假设为 IID。而在本模型中,路径效用的随机部分由两部分衍生而来,分别是独立同分布的路径特性 ε_i 及与 $\boldsymbol{\gamma}_m$ 和 $\boldsymbol{\eta}_l$ 相关的超级网络路段特性的总和。因此,由于共用了同样的 $\boldsymbol{\gamma}_m$ 和 $\boldsymbol{\eta}_l$,不同路径效用之间产生相关性。随机项 $\boldsymbol{\gamma}_m$ 和 $\boldsymbol{\eta}_l$ 表示超级网络中出行者未观测到的网络特性。在传统 MNL 模型中,偏好系数 $\boldsymbol{\beta}$ 是常数。而在本研究模型中,出行者对于超级网络的路段偏好是随机的,由常数部分 $\boldsymbol{\beta}$、未观测的出行方式特性 $\boldsymbol{\gamma}_m$ 及未观测的物理路段特性 $\boldsymbol{\eta}_l$ 组成。由于共享了相同的随机项 $\boldsymbol{\gamma}_m$,因此,超级网络路段同一出行方式的随机效用是相关的;由于共享了相同的随机项 $\boldsymbol{\eta}_l$,因此超级网络路段同一物理路段的随机效用也是相关的。

根据效用函数特性,给定选择集和参数之后,选择广义路径 i 的概率 $P_n(i \mid C_n, \beta, \alpha, \sum m, \sum l)$ 为:

$$\begin{aligned} & P_n(i \mid C_n, \beta, \alpha, \sum m, \sum l) \\ & = E[P_n(i \mid C_n, \beta, \alpha, \gamma, \eta)] \\ & = \int P_n(i \mid C_n, \beta, \alpha, \gamma, \eta) \times f(\gamma \mid \sum m) f(\eta \mid \sum l) \mathrm{d}\gamma \mathrm{d}\eta \end{aligned} \tag{5-6}$$

第5章 考虑广义路径重叠的城市多模式路径选择行为分析

其中，

$$P_n(i \mid C_n,\beta,\alpha,\gamma,\eta) = \frac{\exp\{\sum_{a_{m,l} \in i}[(\boldsymbol{\beta}+\boldsymbol{\gamma}_m+\boldsymbol{\eta}_l)^{\mathrm{T}} X_{m,l}] + \boldsymbol{\alpha}^{\mathrm{T}} Y_i\}}{\sum_{j \in C_n} \exp\{\sum_{a_{m,l} \in i}[(\boldsymbol{\beta}+\boldsymbol{\gamma}_m+\boldsymbol{\eta}_l)^{\mathrm{T}} X_{m,l}] + \boldsymbol{\alpha}^{\mathrm{T}} Y_j\}}$$

由于上式不具有一个闭合形式，因此 $P_n(i \mid C_n,\beta,\alpha,\sum m,\sum l)$ 可由下式近似得到：

$$P_n(i \mid C_n,\beta,\alpha,\sum m,\sum l) = \frac{1}{D}\sum_{d=1}^{D} P_n(i \mid C_n,\beta,\alpha,\gamma_d,\eta_d) \quad (5-7)$$

其中，D 为随机抽样次数；γ_d 和 η_d 为第 d 次抽样得到的 γ 和 η 值。

基于广义路径重叠问题的概率选择模型，在交通分配中广义均衡路径流可由以下不动点问题描述：

$$f^* - qP(f^*), f^* \in \Omega$$
$$\Omega = \{f \mid f \geqslant 0, \sum_{r \in C_w} f_{r,w} = q_w\} \quad (5-8)$$

其中，f^* 为均衡状态下的路径流；f 为广义路径上的乘客流；q 为交通需求；P 为计算得到的路径选择概率；C_w 是 OD 对 w 之间的广义路径选择集；$f_{r,w}$ 为 OD 对 w 之间第 r 条广义路径的路径流；q_w 为 OD 对 w 之间的交通需求。

5.4 实证案例

本节使用若干算例说明广义路径重叠问题在非集计的路径选择预测问题及集计的交通分配问题中产生的影响，算例均基于示例网络的多层次网络进行研究。值得注意的是，虽然这些算例都是基于简化网络进行，但所得结论对于实际尺度的网络依然有效。

5.4.1 超级网络表述

应用 5.3 节所述方法，示例网络可扩展为超级网络，见图 5.5。物理路段的标号和超级网络的路段标号分别在超级网络中的上层和下层网络路段实现。该超级网络包含 6 个网络层：N_0 为转移网络；N_1 为活动网络（即出行的起讫点）；N_2 为小汽车网络；N_3 为公交网络；N_4 为地铁网络；N_5 为出租车网络。表 5.1 为该超级网络的路段特性。

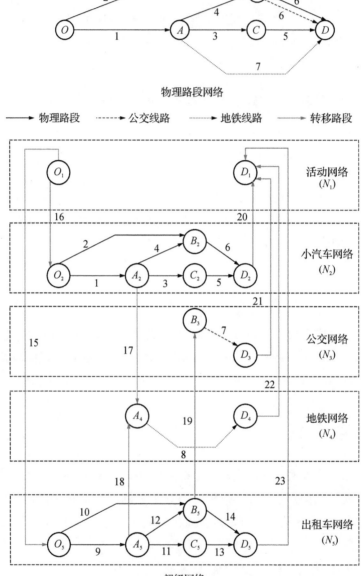

图 5.5 示例网络的超级网络模型

注:物理路段出现在单层网络里,转移路段是连接层与层之间的路段。

表 5.1 路段的观测特性

路段编号	物理路段	出行方式	自由流时间/min	路段容量/(veh·h^{-1})	固定时间/min
1	1	2	8	600	—

第5章 考虑广义路径重叠的城市多模式路径选择行为分析

续表

路段编号	物理路段	出行方式	自由流时间/min	路段容量/(veh·h^{-1})	固定时间/min
2	2	2	12	800	—
3	3	2	8	600	—
4	4	2	7	600	—
5	5	2	6	600	—
6	6	2	5	800	—
7	6	3	6	800	—
8	7	4	—	—	7
9	1	5	8	600	—
10	2	5	12	800	—
11	3	5	8	600	—
12	4	5	7	600	—
13	5	5	6	600	—
14	6	5	5	800	—

在交通网络中,同一种出行方式会同时存在不同类型的用户,这种现象称为多用户现象。例如,小汽车出行既存在传统小汽车用户又存在电动小汽车用户,为此建立电动小汽车网络。此外,不同类型用户承担的出行费用可能也不同。如在电动小汽车网络中,用户除了承担出行时间费用外,还承担环境费用等。本研究关注传统用户的常规出行方式(小汽车、公交、地铁及出租车)的广义路径重叠问题,因此,对路段费用进行如下假设。

方式0(转移网络)为达到简化目的,所有转移路段的费用都设为一个常数c_T。

方式2(小汽车网络)仅考虑车内时间$t_{2,l}$:

$$t_{2,l}=T_l\left[1+0.15\left(\frac{x_l}{k_l}\right)^4\right] \quad (5-9)$$

式中,T_l为出行的自由流时间;k_l为路段l的通行能力;x_l为路段l的总交通量,且

$$x_l=\sum_{w,r}[f_{r,w}\delta(r,w,2,l)+f_{r,w}\delta(r,w,5,l)+F_3 f_{r,w}\delta(r,w,3,l)E_3]$$

$$(5-10)$$

其中,当 OD 对 w 之间的第 r 条广义路径通过路段 $a_{m,l}$ 时,$\delta(r,w,m,l)=1$,否则为 0;$f_{r,w}$ 为乘客流;E_3 为方式 3 中等效于小汽车的车辆数;F_3 为方式 3 的固定频率。

方式 3(公交网络)仅考虑车内时间 $t_{3,l}=t_{2,l}$,且路径特性费用为 $c_{r,w,3}$。

方式 4(地铁网络)仅考虑固定的车内时间 $t_{4,l}$ 和路径特性费用 $c_{r,w,4}$。

方式 5(出租车网络)仅考虑车内时间 $t_{5,l}=t_{2,l}$ 和出租车费用(该费用与出租车自由流时间 T_l 成正比)。

5.4.2 模型参数

基于超级网络的表达,每种出行方式的路段出行费用 $u_{m,l}$ 为:

$$\text{方式 0(转移网络)} u_{0,l} = (\beta_1 + \gamma_{0,1} + \eta_{l,1}) c_T$$

$$\text{方式 2(小汽车网络)} u_{2,l} = (\beta_2 + \gamma_{2,2} + \eta_{l,2}) t_{2,l}$$

$$\text{方式 3(公交网络)} u_{3,l} = (\beta_3 + \gamma_{3,3} + \eta_{l,3}) t_{3,l}$$

$$\text{方式 4(地铁网络)} u_{4,l} = (\beta_4 + \gamma_{4,4} + \eta_{l,4}) t_{4,l}$$

$$\text{方式 5(出租车网络)} u_{5,l} = (\beta_5 + \gamma_{5,5} + \eta_{l,5}) t_{5,l} + (\beta_6 + \gamma_{5,6} + \eta_{l,6}) T_l$$

$$(5-11)$$

在该算例中,路径特性的观测效用只列出不可加部分,10 条可行广义路径(GR_s)和相应的路径出行费用为:

$$GR_1(16\text{—}1\text{—}3\text{—}5\text{—}20): U_1^R = \varepsilon_1$$

$$GR_2(16\text{—}1\text{—}4\text{—}6\text{—}20): U_2^R = \varepsilon_2$$

$$GR_3(16\text{—}2\text{—}6\text{—}20): U_3^R = \varepsilon_3$$

$$GR_4(16\text{—}1\text{—}17\text{—}8\text{—}23): U_4^R = \beta_7 c_{4,4} + \varepsilon_4$$

$$GR_5(15\text{—}9\text{—}11\text{—}13\text{—}23): U_5^R = \varepsilon_5$$

$$GR_6(15\text{—}9\text{—}12\text{—}14\text{—}23): U_6^R = \varepsilon_6$$

$$GR_7(15\text{—}10\text{—}14\text{—}23): U_7^R = \varepsilon_7$$

$$GR_8(15\text{—}9\text{—}18\text{—}8\text{—}22): U_8^R = \beta_7 c_{8,4} + \varepsilon_8$$

$$GR_9(15\text{—}9\text{—}12\text{—}19\text{—}7\text{—}21): U_9^R = \beta_7 c_{9,3} + \varepsilon_9$$

$$GR_{10}(15\text{—}10\text{—}19\text{—}7\text{—}21): U_{10}^R = \beta_7 c_{10,3} + \varepsilon_{10} \quad (5-12)$$

在该算例中,表 5.1 表明路段的观测特性,并设 $c_T=2$、$c_{4,4}=c_{8,4}=2.5$、$c_{9,3}=c_{10,3}=2$、$F_3=6$ 及 $E_3=6$。该算例在路径选择模型中共有 19 个参数,待定参数 β、

第5章 考虑广义路径重叠的城市多模式路径选择行为分析

出行方式特性 γ_m 及物理路段特性 η_l 的均值及标准差缺省值如表5.2所示。根据均衡理论,仅改变这些参数的值(不改变正负性)并不会改变费用函数的连续性和单调性,因此,这些参数的值可以根据需要自行改变。

表5.2 路径选择模型的参数

参数	描述	缺省值
β_1	c_T 的随机参数的均值	−2
β_2	$t_{2,l}$ 的随机参数的均值	−1
β_3	$t_{3,l}$ 的随机参数的均值	−1.5
β_4	$t_{4,l}$ 的随机参数的均值	−1.3
β_5	$t_{5,l}$ 的随机参数的均值	−0.8
β_6	T_l 的随机参数的均值	−0.2
β_7	$c_{4,4},c_{8,4},c_{9,4},c_{10,3}$ 的参数	−0.3
$\sigma(\gamma_{0,1})$	$\gamma_{0,1}$ 的标准差	0.6
$\sigma(\gamma_{2,2})$	$\gamma_{2,2}$ 的标准差	0.6
$\sigma(\gamma_{3,3})$	$\gamma_{3,3}$ 的标准差	0.6
$\sigma(\gamma_{4,4})$	$\gamma_{4,4}$ 的标准差	0.6
$\sigma(\gamma_{5,5})$	$\gamma_{5,5}$ 的标准差	0.6
$\sigma(\gamma_{5,6})$	$\gamma_{5,6}$ 的标准差	0.6
$\sigma(\eta_{l,1})$	$\eta_{l,1}$ 的标准差	0.6
$\sigma(\eta_{l,2})$	$\eta_{l,2}$ 的标准差	0.6
$\sigma(\eta_{l,3})$	$\eta_{l,3}$ 的标准差	0.6
$\sigma(\eta_{l,4})$	$\eta_{l,4}$ 的标准差	0.6
$\sigma(\eta_{l,5})$	$\eta_{l,5}$ 的标准差	0.6
$\sigma(\eta_{l,6})$	$\eta_{l,6}$ 的标准差	0.6

5.4.3 路径选择预测

路径选择可直接应用于交通分配中,整个路网的交通流量受交通需求和路径选择机理的影响很大[37-40]。广义路径重叠问题会影响出行者的路径选择,从而影响交通分配结果。假设交通流为 0,给定如下的超级网络和模型特性,则路径选择概率可预测。令所有 $\sigma^2(\eta)$ 的变化范围为 $(0,7.2)$,所有 $\sigma^2(\gamma)=0$;所有 $\sigma^2(\gamma)$ 的变化范围为 $(0,7.2)$,所有 $\sigma^2(\eta)=0$;所有 $\sigma^2(\gamma)$ 和 $\sigma^2(\eta)$ 相等,且变化范围为 $(0,3.6)$,则 $\sigma^2(\gamma)+\sigma^2(\eta)$ 的变化范围为 $(0,7.2)$。

模型中的其余参数均设为缺省值,则 GR_1 和 GR_2 的选择概率见图 5.6。为简化表述,此处只显示路径 GR_1 和 GR_2。

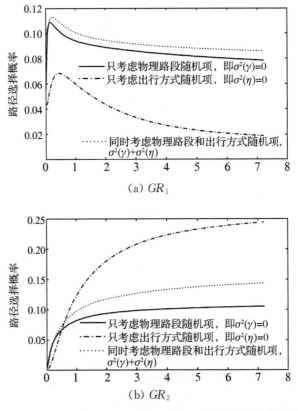

图 5.6 物理路段和出行方式随机项对路径选择概率的影响

由图 5.6 可知,物理路段和出行方式的随机项都会对路径选择概率产生重要影响,且在相同的标准差水平下,物理路段和出行方式随机项对路径选择概率的影响不同。在 MNL 模型中,当独立随机项的方差增加时,所有路径的选择概率会趋于相等。然而,在本模型中,当随机项方差增加时,所有路径的选择概率并没有趋于相等(而趋于 0.1),这是因为这些路径之间并不相互独立。这一点也反映了本模型能够用以处理广义路径重叠问题。

第5章　考虑广义路径重叠的城市多模式路径选择行为分析

5.5　本章小结

在本章中,我们探讨了多模式网络的路径选择建模问题。在一个多模式网络中,出行者有可能在一次出行中使用多种模式,例如,现在世界上许多城市都提供停车和乘车服务。最近,日益流行的 MaaS 概念和相关产品也鼓励出行者结合使用多种出行方式,以提供更好的出行服务,提高公共交通系统的效率。

与以往的研究一样,我们设计了一个超级网络的结构来表示多式联运系统在一个统一的网络中。传统的单模路径选择模型框架可以直接应用于该超级网络。

在基于随机效用理论的单模路线选择建模中,由于备选路线在某些路段上存在物理重叠,因此它们的效用是相互关联的。然而,在多模式网络环境下进行路径选择建模时,由于物理链路重叠且模式重叠,备选路径被修正。我们把这个问题定义为广义路径重叠问题。

为了解决广义路径重叠问题,提出了一个多层次混合 Logit 模型,该模型明确考虑了代表多式联运系统的超级网络上组合路线的未观察效用的相关性。在该模型中,将多式联运路线的未观测效用分为链路特定部分和独立路线特定部分。链路特定部分又分为物理链路特定部分和模式特定部分。通过共享未观察到的链接实用程序的这两个部分来捕获广义路径重叠问题。基于该组合路径选择模型,将多模型运输网络的随机用户均衡问题表示为不动点问题。

通过数值研究说明了纳入广义路径重叠问题对分解路径选择预测和聚合交通流分配的影响。

我们用一个超级网络表示一个简单的多式联运网络,并对其成本进行了假设。在物理链路和模式特定误差项设置不同的情况下,讨论了分解路由选择预测和聚合交通流的变化。研究发现,该模型能够捕获广义路径重叠问题,并显著影响路径选择预测和均衡交通流。

由于本研究的主要贡献是提出了一种基于混合 Logit 模型的解决广义路径重叠问题的方法,因此在一个新的网络中进行了数值研究。在未来,我们将利用陈述偏好调查和智能手机数据来测试预测性能,并与其他模型进行比较。在实证研究方面,我们还应该对组合路线的选择集生成以及轨迹数据与多模式网络的匹配进行研究。

第 6 章　基于仿真的出行活动需求与动态交通分配融合

6.1　概述

本章基于第 2 章提供的出行阻抗数据、第 3 章中活动出行链的出行需求预测模型框架构建的供需平衡分析基础将出行活动需求与动态交通分配相结合,以实现供需平衡。首先,通过研究人口生成技术的理论以及主流方法,确定其在 ABM 体系的顶层位置。其次介绍了动态交通分配的理论基础,以及基于仿真的方法实施动态交通分配的开源软件 MATSim,并提出了基于 MATSim 的 ABM-DTA 迭代融合框架,以实现供需平衡。最后,本书针对重庆的限号政策,借助人口生成技术和多智能体微观仿真技术,基于 ABM+MATSim 的供需逻辑框架,实现限号政策前后的需求与流量仿真。

6.2　人口生成理论

基于活动的模型本质是微观模拟,为个体生成活动出行安排,因此在实际运用过程中,首要考虑的是如何获得研究区域内的人口信息,可以说人口生成是构建活动模型的第一步[65]。同时,人口调查和管理部门提供的只是普查得到的研究区域内一定比例的人口数据,不足以支持大尺度区域内所有家庭和人口的出行模拟研究[65]。因此本书通过人口生成技术生成研究区域内的人口信息,作为 ABM 的应用输入,实现人口生成与 ABM 的融合。

由于调查并存储个人或家庭信息不现实,现有研究大都是基于人口普查或者居民出行调查数据作为人口及其相关属性的边际分布样本或种子样本,通过人口生成技术生成 ABM 建模区域内全部人口及其相关属性。人口生成最常用的拟合

第6章 基于仿真的出行活动需求与动态交通分配融合

技术是迭代比例拟合(IPF)[66-68],基于公共使用微观数据样本(STF-3A)和小型地理区域人口汇总表(PUMS)中提供的普查数据,人口模拟系统生成研究区域内的合成人口。其以 STF-3A 作为基准年数据,并分配至研究区域中的每个小区,再基于土地利用或经济数据作为预测年的人口预测依据更新家庭或人口数量,但其存在无法在生成联合分布的同时纳入个人层面属性的局限性。Ye 等人提出了名为迭代比例更新(IPU)算法的启发式算法[69],将个人和家庭层面的变量都纳入拟合程序中。更进一步地,Vovsha 等人[66]提出了一个熵值最大化的人口生成算法(PopSynⅢ),其允许在多个地理层面上指定控制,从而达到更好的效果。

本书简要介绍 PopSynⅢ,其算法主要分为列表平衡和整数化两部分,其中列表平衡作为最大熵化问题的数学表述如表 6.1 所示。

表 6.1 列表平衡实例

家庭编号	家庭规模				个体年龄				初始权重	权重	最终权重
	1人	2人	3人	4人+	0—15岁	16—35岁	36—64岁	≥65岁	W_n	X_n	
	$i=1$	$i=2$	$i=3$	$i=4$	$i=5$	$i=6$	$i=7$	$i=8$			
$n=1$	1							1	20	x_1	250
$n=2$		1			1	1			20	x_2	250
$n=3$			1			1	2		20	x_3	250
$n=4$				1		2	2		20	x_4	15
$n=5$				1	1	3	2		20	x_5	150
Control (A_i)	250	250	250	300	400	1 250	1 100	250			

其中,W_n 是每个家庭的初始权重;X_n 是满足边际控制 A_i 的最终权重。满足列表平衡的权重方案可能不止一种,但一个理想的解决方案将尽可能地接近初始权重分布,因此可以将列表平衡转化为一个熵最大化问题:

$$\min \sum_n X_n \ln \frac{X_n}{W_n} \quad (6-1)$$

需满足约束:

$$\sum_n a_{in} \times X_n = A_i(\alpha_i) \quad (6-2)$$

$$x_n \geqslant 0 \quad (6-3)$$

其中，α_i 是影响平衡因素的对偶变量；a_{in} 是列表中每条记录相关属性的具体数值。上述问题的求解方案如下：

$$x_n = k \times w_n \times \exp(\sum_i a_{in} \alpha_i) = w_n \times \prod_i [\exp(\alpha_i)]_{in}^{a} = w_n \times \prod_i (\hat{\alpha_i})_{in}^{a} \quad (6-4)$$

其中 $\hat{\alpha_i}$ 表示平衡因素，需要通过 Newton-Raphson 方法进行迭代求解。

列表平衡的最终输出是对应于每个种子样本中的家庭记录，而简单的四舍五入或者蒙特卡罗方法可能会引入明显的误差，特别是在大量的地理区域之间进行汇总时。因此 PopSynⅢ通过线性规划将权重整数化，首先，提取出权重的整数部分，其残差部分可被表示为：

$$\underline{A_i} = A_i - \sum_n a_{in} \times \text{int}(x_n) \quad (6-5)$$

残差权重的范围是 0 到 1，可以简化为二进制(0 或 1)，并同样转化为一个最大熵问题：

$$\min \sum_n y_n \times \begin{bmatrix} \ln \frac{y_n}{x_n}, & \text{if } y_n = 1 \\ 0, & \text{if } y_n = 0 \end{bmatrix} \Rightarrow \max \sum_n y_n \times \ln x_n \quad (6-6)$$

满足约束：

$$\sum_n a_{in} \times y_n = \underline{A_i} \quad (6-7)$$

$$y_n = 0, 1 \quad (6-8)$$

本研究使用的是一种基于最大熵算法的开源人口生成器 PopulationSim[65]，可以看作是 PopSynⅢ的进阶，其计算原理与 PopSynⅢ一致，优势是可以确保在寻找可行解时引入最少的新信息，同时允许在多个地理层级指定控制。其求解运行以 Python 为主，如图 6.1 所示，输入包括种子样本和控制文件，最终得到扩样后的人口信息。本书利用 PopulationSim 先将研究区域划分为三个地理层级(县区级、街道级、交通小区级)，然后使用基于熵最大化的列表平衡确定每个属性在每个地理层级的权重，最后根据最终权重扩大种子样本来生成总人口和家庭数据集。在本书中以问卷调查数据为种子样本，个人层面包含家庭住址、年龄、性别、职业等属性，家庭层面包括地理位置、家庭总人数、收入等属性。

第 6 章 基于仿真的出行活动需求与动态交通分配融合

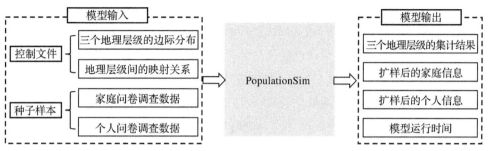

图 6.1 PopulationSim 人口生成逻辑

6.3 基于仿真的 ABM 与动态交通分配迭代融合

6.3.1 动态交通分配

动态交通分配(DTA)将时变的交通出行合理分配到不同的路径上,以降低个人的出行费用或系统总费用。在给定交通网络供给能力以及需要分配的交通需求的前提下,DTA 分析时变情况下最优的交通流量分布,从而为交通管理控制或者动态路径诱导提供技术支持。DTA 问题有两个基本组成部分:描述出行选择倾向(出行路径、时间、方式等)的出行选择准则和实施动态网络加载的交通流传播模型[70]。

在现有的研究中,动态交通分配方法可以分为基于数学解析的方法和基于仿真的方法。基于解析的方法将 DTA 问题转换为数学规划、最优控制和变分不等式问题。其中数学规划是以离散的时间设置来表述问题。在最优控制理论中假设 OD 出行率是时间的连续函数,因此路段流量也是时间的连续函数,从而形成一个连续时间的最优控制模型。变分不等式为 DTA 背景下的几类问题提供了一个通用的表述平台,并提供了统一的机制来解决均衡和等价优化问题[71]。

基于仿真的方法通过模拟器实现需求的生成和分配,例如 Ben-Akiva 等人[38]提出的 DynaMIT,其由一个需求模拟器和一个供应模拟器组成:需求模拟器使用卡尔曼滤波方法估计和预测 OD 需求,供应模拟器被用来确定基于需求的流量模式[72]。此外,由美国国家实验室开发的交通分析与模拟系统(TRANSIMS)采用迭代反馈方法来实现路网阻抗的更新与出行计划及需求的变更。其核心模块由 Router 和 Microsimulator 组成,由 Router 生成每个个体的出行路径和参与的活动,而 Microsimulator 基于 Router 产生的出行路径在多模式综合路网(道路网、公交网和地铁网)上模拟人与车的移动,以及返回路网的运行状况。

如果人口生成是基于活动模型实际运用的顶层模块,那么动态交通分配就是基于活动的交通需求模型(ABM)落地的底层模块,这与传统四阶段法的最后一步交通分配是一致的。所不同的是,四阶段法的交通分配是静态的,其假定交通流不随着时间而改变,因此很难模拟如交通高峰期扩散或者拥堵回溯等交通状况。与四阶段法相比,ABM 提供了个体的日出行活动计划,主要包括活动地点、时间和方式,因此传统的静态交通分配不再适用于 ABM。同时,基于解析的方法虽然有着良好的数学特性,比如最优解或者唯一性,但却难以实现大规模的需求分配,因此本书借助基于仿真的方法,特别是 MATSim 这一开源动态交通仿真软件,实现 ABM 底层的交通分配。

MATSim 是一个基于活动的、可扩展的、用 Java 实现的多代理仿真框架,以单日为基本的分析单元。基于仿真的方法侧重于描述微观交通流特性,在 MATSim 中的交通流模块中采用的是计算效率高的基于队列的方法(见图 6.2),一个汽车从一个交叉口进入一个路段,被添加到等待队列的尾部,直到自由通行的时间过去,如果位于队列头部,则在下一个路段允许时进入。交通流模型主要基于两个链接属性:存储容量和流量容量。存储容量定义了适合路段所能容纳的汽车数量。流动容量指定了路段的流出容量,即每个时间步长可以有多少出行者离开该路段。此外,MATSim 的仿真动作均由"事件"定义,如图 6.3 所示。每个事件都有着多个属性,包括发生的时间、路段 ID 以及方式、状态等。

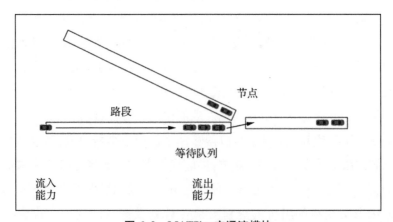

图 6.2　MATSim 交通流模块

第6章 基于仿真的出行活动需求与动态交通分配融合

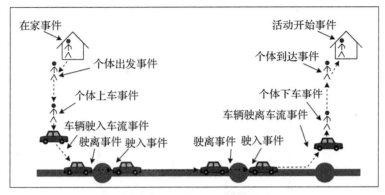

图 6.3 MATSim 仿真事件

6.3.2 基于 MATSim 的 ABM-DTA 迭代融合

ABM 和 DTA 的运用非常广泛,但结合在一起的应用却较少,而其中作为基于多智能体仿真的 MATSim 仿真平台与基于活动模型的输出有着天然的良好接口[73-80],如图 6.4 所示,ABM 输出个体的出行安排,并作为 MATSim 的出行方案输入,以实现个体出行道路仿真。

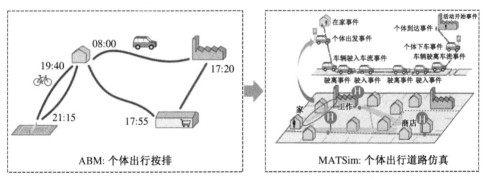

图 6.4 ABM＋MATSim 实现个体出行仿真

具体地,MATSim 通过以下程序执行交通分配[81]:首先给定各个代理的初始计划,包括出发时间、活动时间和方式与目的地信息。随后将每个代理加载到执行模块中,该模块基于内置的 Dijkstra 的算法将初始出行路线分配给每个个体,以此保证不同的交通方式在整个道路网络上的运行,并根据个体的每日活动计划,保证每个个体都能选择相应交通方式出行并执行相关活动;评分模块会根据仿真结果计算出行计划的得分,可以根据不同的交通方式来自定义它们的效用函数,但一般认为执行活动会产生正效用,而出行过程会产生负效用。每个个体可以通过选择短途出行以及执行较长时间的活动来累积更多的得分;重新规划模块允许部分代理通过路径重新规划模块和时间重新规划模块对计划进行演变,修改路径或出发时间,来避免出现评分较低的情景;在仿真模拟结束后,通过结果分析模块对评价指标和关键性能进行比较和分析。其执行流程如图 6.5 所示。

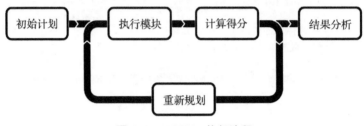

图 6.5　MATSim 执行流程

同时,利用 MATSim 实现个体出行仿真,首先要进行研究区域的交通基础路网搭建。在本书中是利用 OpenStreetMap 获取重庆市路网拓扑数据,通过 MATSim 的 CoordinateTransformation 接口以及 OsmNetworkReader 类实现坐标系转换以及文件格式转换。对于缺少车道数、自由流速度、通行能力数据的路段,其相应属性值根据道路等级进行确定,其中通行能力参考《城市道路工程设计规范》[17](CJJ 37 - 2012)。此外,对于地面公交来说,其公交线路是固定的,并与普通车辆共用基础路网,因此不再考虑搭建独立的公交路网,但需要额外增加各线路途经的站点及路段信息,包括站点坐标、各站点间的距离等。对于轨道交通,则需要建立单独的轨道交通路网。MATSim 的输出则包括:(1) 出行事件,对应每个个体每次的出行信息,包括但不限于出行起终点、出行目的、出发与到达时间、出行距离、出行花费时间等。(2) 路段流量,当所有智能体完成了一天中的所有出行时,MATSim 将能计算得到各路段不同时段的交通量及平均行程时间,可与实际的路段流量进行对比。

从执行流程中可以看出 MATSim 虽然融合了 ABM 与 DTA 理论,但主要也是集中在 DTA 方面,在 ABM 方面仍存在两点不足:(1) 虽然可以基于其内置的得分系统,对个体的出行活动进行重新规划,但仍然需要 ABM 为 MATSim 提供初始的活动计划。(2) 其基于效用构建每个智能体的出行活动得分系统,重新规划个体的出行活动可能并不如完整 ABM 反映出路网阻抗对活动决策的影响。因此,本书将 MATSim 中的计算得分和重新规划模块替换为 ABM,构建 ABM + DTA 的逻辑框架,如图 6.6 所示。通过不断更新的路网阻抗达到供需平衡。更新

第6章 基于仿真的出行活动需求与动态交通分配融合

的阻抗则是从 MATSim 中的需求分配结果中提取,主要是对个人不同交通方式的出行时间进行集计得到分时段区间阻抗。同时在迭代过程中,由于并不是每次每个区间的阻抗都存在,那么这些区间阻抗则由上一次的区间阻抗进行填充。其阻抗的收敛性,主要通过间隙函数计算,如式(6-9)所示,当间隙函数小于设定的收敛阈值时认为达到供需平衡。

$$\text{Gap}^n = \frac{\sum_{ijpT} |C^n(X_{ijpT}) - C^{n-1}(X_{ijpT})|}{\sum_{ijpT} C^{n-1}(X_{ijpT})} \times 100\% \quad (6-9)$$

式中,X_{ijpT} 表示交通方式 p 在时间段 T 下小区 i 与 j 的阻抗;$C^n(\cdot)$ 表示第 n 次迭代下的阻抗函数,本书采取线性函数以控制阻抗的数值规模。

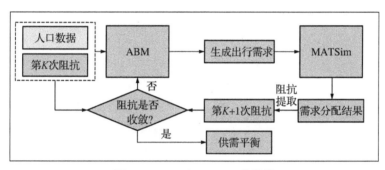

图 6.6 ABM＋MATSim 的迭代

6.4 实证案例

6.4.1 重庆限号政策

重庆作为大型城市以及山地城市的典型代表,近年来交通拥堵问题日益严峻。2019 年第三季度,高德地图利用大数据对全国 50 个城市进行交通拥堵状况检测,数据结果显示,我国大型城市高峰平均车速相对略低,平均车速为 24.83 km/h,重庆主城区的平均车速为 24.86 km/h,基本与全国大型城市持平。重庆主城区的拥堵主要集中在部分主干道及各大商圈环道、桥梁隧道。主干道及商圈由于大量行人及机动车出行集中,拥堵严重。另外,重庆特有的山城地形及两江汇合于此,组团式分布使得区域之间的出行衔接必须靠桥梁隧道予以支撑,导致桥梁隧道处也容易形成堵点高发段,尤其是在高峰期小部分桥梁和隧道的交通量趋于饱和,如茶园往南岸方向的真武山隧道、大学城往沙坪坝方向的大学城隧道等,都是区域间的重要连接隧道,但交通流量大,常年拥堵严重。同样在高德地图的这份报告里,2020年第三季度重庆主城区的城市路网高峰行程延时指数结果为1.925(延时指数=高峰出行时间/平时畅通出行时间,指数越高表示出行延时占出行时间的比例越大,也就越拥堵),在中国通勤高峰十大堵城中排名第二。

为缓解重庆中心城区的交通拥堵问题,管理人员提出重庆工作日分时段分车牌的限号政策。具体地,周一车牌尾号为1和6的汽车在错峰通行时段和错峰通行范围内禁止通行,周二是2和7,周三是3和8,周四是4和9,周五是5和0。其错峰通行范围为高家花园大桥、石门大桥、嘉华大桥、嘉陵江大桥、渝澳大桥、黄花园大桥、千厮门大桥、东水门大桥、长江大桥及复线桥、菜园坝大桥、鹅公岩大桥,如图6.7所示。限行时段为工作日7:00—9:00和17:00—19:30。

图6.7 重庆市限号大桥

6.4.2 限号政策案例施行过程

本案例以重庆市中心城区为研究区域。在人口生成部分,以重庆市第七次人口普查数据和重庆市统计年鉴数据作为行政区和街道级别的边际控制。对交通小区的边际控制则依赖于手机信令数据,但由于手机信令数据也并不是全样本数据,因此首先将手机信令数据匹配至交通小区,再基于街道控制对手机信令数据进行

第6章　基于仿真的出行活动需求与动态交通分配融合

比例扩样,最终将扩样后的手机信令数据作为交通小区级的边际控制。完成PopulationSim生成器所需要的基本输入后,通过生成器可以求解得到重庆市千万人口的信息,但受本研究硬件设备的限制,直接对千万人口进行活动出行生成将耗费较长时间,且在MATSim部分也难以实现千万级人口的直接仿真。基于现有硬件条件:Intel(R) Core(TM) i5-10400 CPU @ 2.90 GHz,六核十二线程16 GB机带RAM,本书只生成了重庆中心城区的10万人口,作为本次限号政策的仿真分析,其部分输出样例如表6.2所示。

表6.2 人口生成输出样例

ID	性别	年龄/岁	职业	收入水平	居住地 ID	居住地经度/(°)	居住地纬度/(°)
1	1	30	4	1	1376	106.335 672 6	29.615 198
2	0	25	2	1	1926	106.579 418 8	29.705 702
3	0	26	6	2	934	106.519 990 5	29.540 131
4	0	38	4	2	748	106.669 893 1	29.497 616
5	1	46	1	2	131	106.617 773 4	29.367 898

在MATSim部分,限号的仿真日期选择周一,是车牌尾号为1和6的汽车在错峰通行时段和错峰通行范围禁止通行,错峰通行时段为7:00—9:00和17:00—19:30,仿真选定的错峰通行范围为图6.7所示的十一座大桥中的嘉华大桥和石门大桥。由于仿真人口缩小了大概两个数量级,因此在MATSim中需要对路网的通行能力进行同比例缩小,通过调整时间限制和空间限制两个缩减参数得以实现。其中时间限制参数表示单位时间可以通过路段的最大车辆数,空间限制参数表示路段上同一时刻可以存在的最大车辆数,对应于MATSim交通流模型中的存储容量和流量容量,将其缩小系数设为0.01,以对应需求的缩减。同时,限号政策在MATSim中的体现,主要是通过增加被限行车辆在限行时段和限行范围内的通行时间至非常大的值,使其选择其他路段。

为了体现限号政策对基于活动的交通需求模型的影响,首先是为拥有小汽车的个体生成车牌尾号。其次,由于本书并未获得无限号前后的实际需求变化数据,也并未做关于限号政策的意向调查问卷,从而在基于活动的模型中难以直接将限号政策作为解释变量进行训练。因此限号政策对出行需求层面的影响更多是借助小区间的方式阻抗间接进行,本书认为限号政策将对小区间的方式阻抗产生影响,从而主要影响非强制性活动发生地点的选择或者出行方式的选择。因此,对于限号前的活动出行生成,基于现有阻抗直接通过 ABM 生成 10 万人口的出行方案,累计用时在 40 min 左右,其时间主要耗费在非强制性活动的地点选择方面,因为每个人需要从全集中逐级选定最终地点,然后将 ABM 的输出文件进行一定的格式转换后输入 MATSim,进行需求在路网上的分配。通过 ABM+MATSim 的迭代,并以限号前的现状阻抗作为初始阻抗,每进行一次迭代就进行一次阻抗的更新,直到阻抗变化的间隙函数 Gap 小于 1%(间隙阈值设定越低,则所需时间越长)。在初始阻抗中本书分为两种模式——公交模式和小汽车模式,因此在基于 MATSim 输出文件进行阻抗提取的过程中,也是将地铁和公交阻抗进行融合,小汽车和共乘方式进行融合。

6.4.3 限号政策案例结果分析

对于限号后的结果,通过 9 次迭代,总耗时 380 min 左右,其中主要时间耗费在本书的基于活动模型构建中,MATSim 仿真与相应的格式转换总耗时在 60 min 左右。需要说明的是,MATSim 耗时较短是因为本书的 ABM 输出代替了其中重新规划模块的部分工作,MATSim 只需要进行最短路径的重新规划,从而减少甚至不需要进行 MATSim 的内置迭代。

从结果上看,首先是集计层面,早晚高峰中心城区限号后,区域选择小汽车出行的比例下降,公交出行比例上升,6% 的居民发生出行方式向公交的转移,MATSim 中得到公交场站流量变化,总体上限号后的公交场站流量要高于限号前,道路通行状况得到改善,在早高峰时段部分研究区域阻抗减小,道路饱和度降低。

从非集计层面看,部分个体出行的时间、方式和目的地都可能发生变化,例如限号前该个体 7:08 开车从家出发,7:36 到达公司,17:34 下班,从公司开车外出聚餐,17:41 到达,19:12 聚餐结束开车回家,19:43 到达。限号后该个体 7:08 从家出发乘地铁前往公司,7:55 到达公司,17:34 下班步行就近聚餐,17:47 到达,18:32 聚餐结束,乘地铁 19:38 到家,如图 6.8 所示。个体的出行方式由驾车转换为乘坐地铁,就餐地点发生改变,相应的活动起止时间也发生变化,从非集计层面体现了个体对限号政策的应对变化情况。

第6章 基于仿真的出行活动需求与动态交通分配融合

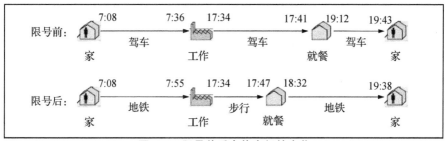

图6.8 限号前后个体出行的变化

集计层面的变化是由非集计层面的改变引起的,而非集计中阻抗对个体选择决策的影响则可以基于模型的可解释性进行一定的解释。例如个体非强制性活动的地点选择,首先从图6.9可以看出公交和小汽车阻抗特征对模型决策结果的影响的重要度,可见非强制性活动的地点选择还是受到方式阻抗的较大影响。如果某一地点公交或者小汽车的阻抗值越小,Shapely值则越大,则该地被选择的概率也越大,反之亦然。对于方式选择的改变,可以看出链级方式中,当公交阻抗越大时,Shapely值则越大,预测结果越大并向1(自驾出行的类别为1)靠近,即被预测为自驾出行的概率也越大。同样地,在单次出行层的方式选择中,公交阻抗值越小,Shapely值越小,预测结果值也越小(越偏向于公交方式)。小汽车阻抗的效果则与之相反,小汽车阻抗值越小,Shapely值越大,预测结果值也越大(偏向于出租车和网约车方式)。这种变化趋势与 MNL 模型所估计出的公交阻抗参数与小汽车阻抗参数的正负性是相吻合的,这也进一步说明其模型的可解释性与基于阻抗实现 ABM+DTA 的供需均衡可行性,以及政策前后所可能引发的需求变化趋势。活动时间的改变与前两者类似,但在仿真时也同样依赖于 MATSim 仿真时实际的出行时间,从而会有时间上的变化。

上文从集计和非集计两个层面,体现了模型的政策敏感性,并基于模型的可解释性对产生这样的结果进行了一定的解释。同时,基于 MATSim 的中观仿真得以实现对限号前后的嘉华大桥、石门大桥,以及其邻近的高家花园大桥、渝澳大桥、嘉陵江大桥,进行实时流量、出行耗时和延误指数等指标的分析。通过图6.10和图6.11可以看出,在出行高峰时间段采取限号政策后,嘉华大桥、石门大桥等限号桥梁流量得到一定程度的减小,而在相邻过江桥梁采取限号政策后,由于流量产生转移,高家花园大桥、渝澳大桥、嘉陵江大桥等非限号桥梁流量会增加。

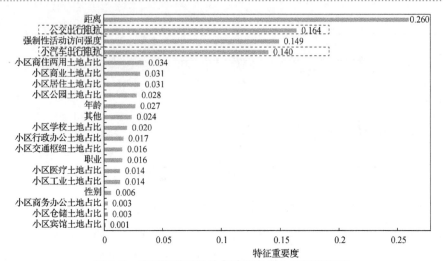

图 6.9 非强制性活动地点选择阶段 1 特征重要度

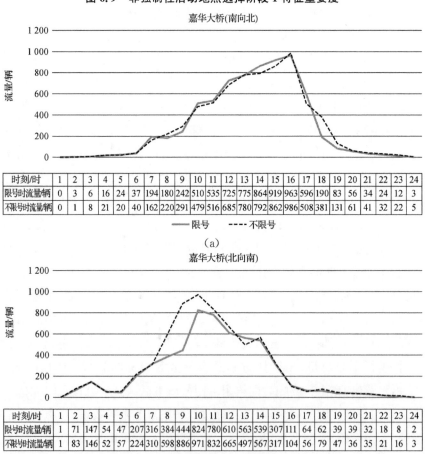

(a)

时刻/时	1	2	3	4	5	6	7	8	9	10	11	12	13	14	15	16	17	18	19	20	21	22	23	24
限号时流量/辆	0	3	6	16	24	37	194	180	242	510	535	725	775	864	919	963	596	190	83	56	34	24	12	3
不限号时流量/辆	0	1	8	21	20	40	162	220	291	479	516	685	780	792	862	986	508	381	131	61	41	32	22	5

(b)

时刻/时	1	2	3	4	5	6	7	8	9	10	11	12	13	14	15	16	17	18	19	20	21	22	23	24
限号时流量/辆	1	71	147	54	47	207	316	384	444	824	780	610	563	539	307	111	64	62	39	39	32	18	8	2
不限号时流量/辆	1	83	146	52	57	224	310	598	886	971	832	665	497	567	317	104	56	79	47	36	35	21	16	3

第6章 基于仿真的出行活动需求与动态交通分配融合

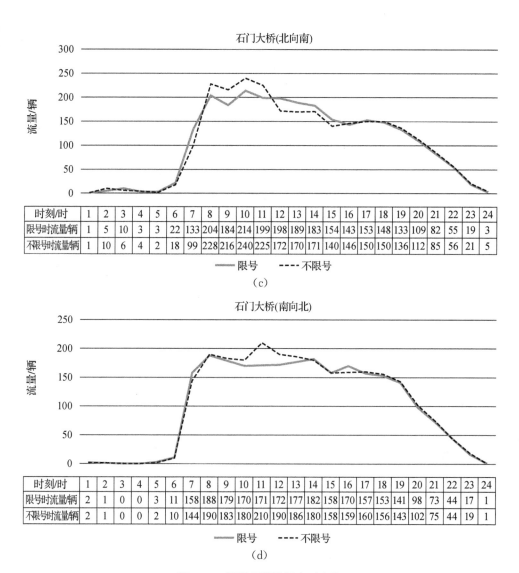

图 6.10 限号桥梁流量实时变化

从限号桥梁的实时出行耗时(图 6.12)可以看出采取限号政策后的两座过江桥梁的通行耗时更低且更加平稳。而从限号桥梁延误指数(图 6.13)可以看出,采取限号政策后的两座过江桥梁拥堵延误指数降低,但是高峰出行时间段依然存在一定的延误。以上结果为限号实施路段及其周边路段的局部交通管控提供技术支持,体现了模型的落地实用性。

多模式交通系统出行行为分析
Travel Behavior Analysis in Multimodal Transportation Systems

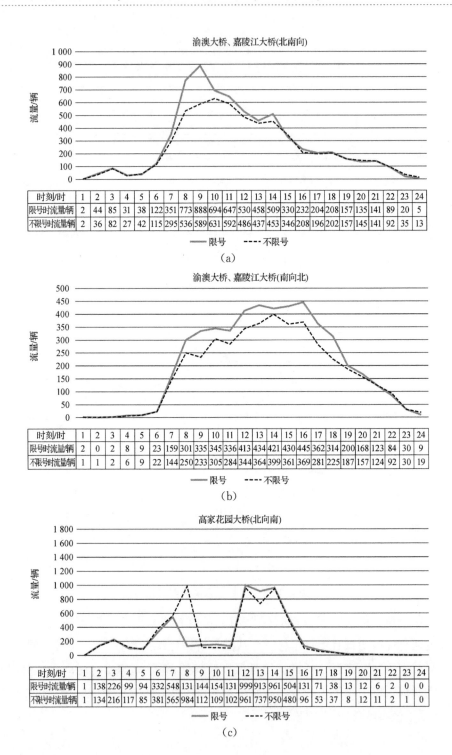

第6章 基于仿真的出行活动需求与动态交通分配融合

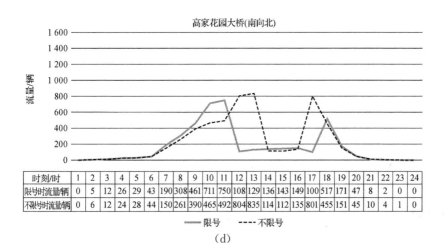

(d)

图 6.11　非限号桥梁流量实时变化

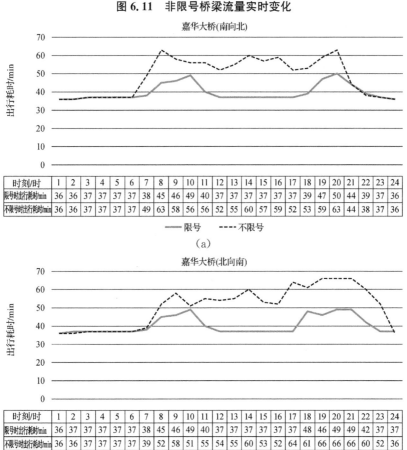

(a)

(b)

多模式交通系统出行行为分析
Travel Behavior Analysis in Multimodal Transportation Systems

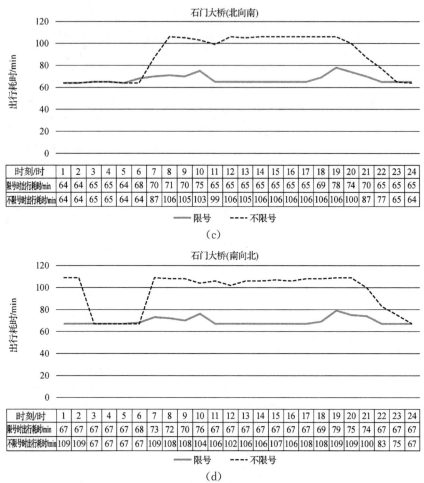

图 6.12 限号桥梁实时出行耗时

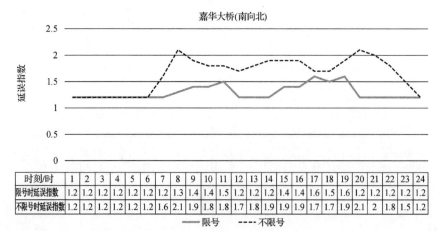

(a)

第6章 基于仿真的出行活动需求与动态交通分配融合

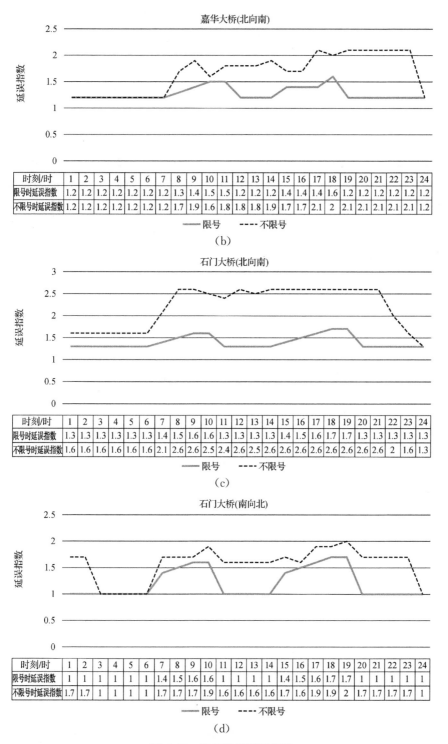

图 6.13 限号桥梁延误指数

6.5 本章小结

本章首先研究了人口生成技术，以问卷调查数据作为种子样本，并以县区级、街道级、交通小区级三个地理层级的人口边际分布和映射关系作为控制文件，基于PopulationSim 生成研究区域的人口信息。其次，基于 MATSim 构建了 ABM＋DTA 的供需平衡框架，通过 MATSim 实现 ABM 生成的需求在路网上的动态交通分配。然后介绍了重庆市中心城区限号政策，并叙述了限号政策的实施过程，通过人口生成技术生成重庆中心城区的人口信息，基于 ABM 生成个人活动出行安排，并通过和 MATSim 的迭代实现限号后的供需平衡。最后对限号前后的预测结果进行了对比分析。

第 7 章　基于双层规划的城市多模式网络活动承载力建模

7.1　概述

本章聚焦多模式城市网络活动承载力模型的构建。首先,对静态多模式的活动出行网络的活动出行路径进行了时间维度的拓展,生成了多模式时空活动出行路径。同时,建立了动态活动网络均衡模型,通过设定不同类型路段的负效用函数表达形式,构建了动态多模式网络活动承载力双层规划模型。为解决这一复杂问题,引入了适用于上层模型和下层模型的启发式求解算法。

进一步,将这一活动承载力模型应用于网络设计问题。结合静态网络和动态网络活动承载力模型,并考虑到活动用地规划因素,建立了一个连续网络设计模型,以网络活动承载力为优化目标。为解决这一问题,引入了自适应模拟退火遗传算法(ASAGA)作为求解方法。

在算例研究部分,使用给定的算例网络对静态网络活动承载力、动态网络活动承载力以及基于活动承载力的网络设计模型进行求解。对求解过程和结果进行了详细介绍,并在不同场景下进行比较和评估,从中提炼相关结论,为未来的实际应用提供了有益思路。这一研究的目标是在城市交通领域提供有力的理论支持,以优化网络设计,提升交通效率,并推动城市交通的可持续发展。

7.2　多模式时空活动出行路径

求解动态活动承载力需要获取网络中活动出行的时变分布特征,而获取该项信息的前提是对动态网络中出行者活动出行行为的准确刻画。类似于静态网络活动使用活动出行路径的方式表述出行者的活动行为与交通行为,动态网络中的活动出行路径应当在时间维度上进行拓展。

在动态网络中,其基础路网依然采用静态多模式活动出行网络的形式,在此基础上进行时间维度的拓展。简单多模式活动出行网络如图 7.1 所示。

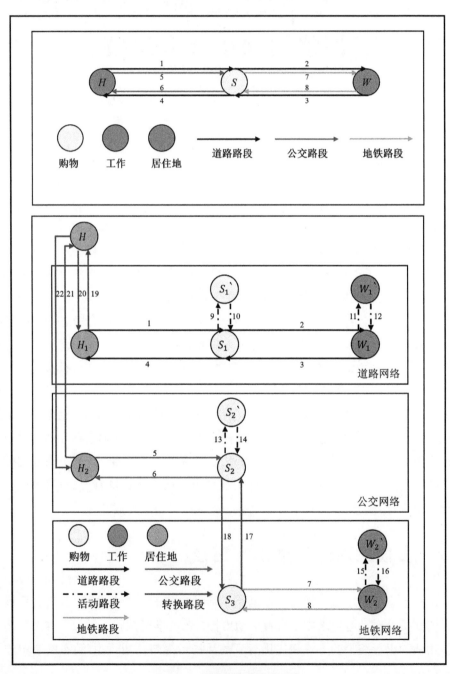

图 7.1　多模式活动出行网络

第7章 基于双层规划的城市多模式网络活动承载力建模

在图7.1所示的多模式活动出行网络中,可以通过对不同类型路段的组合生成活动出行路径,用以描述出行者的路径选择、活动顺序选择、交通方式选择等行为。然而该图所呈现的方式由于缺乏对出行时间维度的考虑,无法应用于动态网络的活动出行描述。为解决该问题,本节在时间维度上对静态活动出行路径进行了拓展,在保留已有表达功能的基础上,还可以融入对出发时间选择、路段的动态通行时间以及活动的持续时间的考虑。

如图7.2展示了拓展后的多模式时空活动出行路径表现形式,图中的横轴与纵轴分别表示出行者的时间与空间状态。时间状态使用时间序列的形式表示,对应的是离散化后的时间段,空间状态则用网络中的节点进行表示。图中的每一个坐标对应一个独特的时间与空间状态,依据坐标所对应的节点属性可以将其划分为道路网络、公交网络与地铁网络三类。

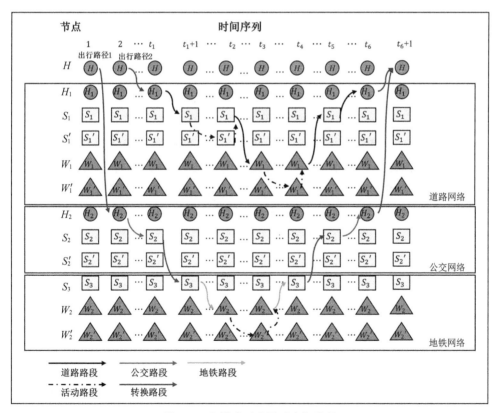

图7.2 多模式时空活动出行路径

路径1的出行者于时间段1从家里出发步行前往公交车站乘坐公交车,于2

时刻到达公交车站乘坐公交,于 t_1 时刻到达节点 S_2 换乘地铁,于 t_2 时刻开始工作,至 t_3 时刻结束工作,按原路返回,于 t_6 时刻返回居住地边的公交车站,后步行于 t_6+1 时刻返回家中。路径 2 的出行者于时间段 2 出发驾车,于 t_1+1 时间段到达 S_1,进行购物活动至 t_2 时刻,并于 t_3 时刻驾车至工作地点工作,至 t_4 时刻驾车回家,于 t_6 时刻至停车场,并步行于 t_6+1 时刻到达家中。

由上可见,使用该多模式时空活动出行路径的形式可以有效地表示出行者在动态网络中的各种活动出行行为。多模式时空活动出行路径集的路径包含空间轨迹 p 与出发时间选择 k 两个维度。空间轨迹即出行者在完成一天活动所经过的物理轨迹,出发时间选择为采用 p 出行的出发时间,设定为研究时间范围内的任意时间段。因此多模式时空活动出行路径集可以通过对静态网络路径集中路径按时间段数量进行拓展而得。需要说明的是,多模式时空活动出行路径过程中的路段持续时间由基于动态网络均衡的交通分配模型内生而成,无须提前设定。

7.3 动态多模式网络活动承载力建模

7.3.1 动态多模式网络活动承载力模型构建

类似静态活动承载力模型构建,求解动态多模式网络活动承载力需要获取路段在不同时间的流量分布情况,从而设定路段容量约束条件。本节首先给出动态网络中不同路段负效用的函数,基于动态用户均衡原则构建网络均衡模型以求解均衡状态时的各时间段路段流量,最后构建求解动态多模式网络活动承载力的双层规划模型。需要说明的是,虽然实际时间是连续的,但是本书构建的模型将时间离散化为同等时间长度的时间段以简化研究对象。在当前的研究中,Vo、Liao 和 Xu 等人[82-85]都通过划定离散化时间段的方法,在活动网络中将连续的时间简化处理从而模拟出行者的时变特征。Liu 与 Han 等人对该方法的合理性从数学角度予以了证明[86,87]。

1) 路径负效用计算

本节首先定义在动态网络中多模式活动出行网络中路径与路段的负效用取值函数。

(1) 路径负效用。

动态网络中的路径负效用同样等于路段负效用的叠加,但是需要考虑其与活

第7章 基于双层规划的城市多模式网络活动承载力建模

动出行路径出发时间以及到达不同路段时间之间的关系。居住地为 h 的出行者，在 t 时刻出发，活动组成类型为 b，使用路径为 p，属于 i 类汽车用户，其出行负效用 $\mathrm{dis}U_{ib}^{hp}(t)$ 表示如下：

$$\mathrm{dis}U_{ib}^{hp}(t) = \sum_{l \in p} \sum_{k \in [1,\widehat{T}]} \mathrm{dis}U_i^l(k) \delta_{lib}^{hip}(k)$$

$$\forall h \in H, i \in I, b \in B, p \in P_{hb}, t, k \in [1,\widehat{T}] \qquad (7-1)$$

式中，$\mathrm{dis}U_i^l(k)$ 表示在时刻 k 进入路段 l 的 i 类汽车用户的负效用；$\delta_{lib}^{hip}(k)$ 为指示变量，当 i 类汽车用户从居住地 h 于 t 时刻出发，活动组成类型为 b，使用路径为 p，在 k 时刻进入路段 l 时，其值为 1，否则为 0；$\widehat{T}$ 表示所研究的时间范围对应的时间段数量；H 表示所有居住地的集合；I 表示出行者类别的集合；B 表示活动组成的集合；P_{hb} 表示居住地为 h 且活动组成为 b 的路径集合。对于 $\widehat{T}$，其满足以下关系式：

$$\widehat{T} = \lfloor \overline{T}/\Delta \rfloor \qquad (7-2)$$

式中，$\overline{T}$ 表示所研究的时间跨度长度；Δ 为所划分的单位时间段长度。

对于路段的负效用 $\mathrm{dis}U_i^l(k)$，可以将其区分为等待负效用以及路段持续时间负效用，其表达如下：

$$\mathrm{dis}U_i^l(k) = \mathrm{dis}U_i^{wl}(k) + \mathrm{dis}U_i^{dl}(k), \quad \forall i \in I, l \in L, k \in [1,\widehat{T}] \qquad (7-3)$$

式中，$\mathrm{dis}U_i^{wl}(k)$ 表示 i 类汽车用户于 k 时刻到达路段 l 时由于路段未开放所必要的等待时间；$\mathrm{dis}U_i^{dl}(k)$ 表示 i 类汽车用户于 k 时刻到达路段 l 时在路段上的持续时间而导致的负效用；L 表示所有路段的集合。对于活动路段，路段持续时间为进行活动所持续的时间，对于交通路段，该值为通行时间。下文依次给出了路段等待负效用与路段持续时间负效用的计算方法。

(2) 路段等待负效用

这一部分负效用产生的原因是出行者到达路段而路段并未开放而被迫等待。出行者在 k 时刻到达路段 l 的等待时间 $t_l^w(k)$ 表达如下：

$$t_l^w(k) = \begin{cases} t_l^o - k, & \text{如果 } k < t_l^o \\ 0, & \text{其他情况} \end{cases} \qquad (7-4)$$

其中 t_l^o 表示路段 l 的开启时间所对应的时间段,由式(7-4)可知当路段开启时间 t_l^o 与到达时间 k 皆为整数时,活动的等待时间是一个非负的整数。对于到达时刻路段已经开放或者路段全时间窗开放的情况,等待时间 $t_l^w(k)=0$。本书设定等待时间产生的负效用与等待时间呈线性关系,表示如下:

$$\mathrm{dis}U_i^{wl}(k)=\eta_4 \cdot t_l^w(k),\forall i \in I,l \in L,k \in [1,\widehat{T}] \quad (7-5)$$

式中,η_4 表示路段等待时间的负效用参数。需要说明的是,由于没有研究证明 EV 与 GV 的用户对于出行负效用感知上存在明显的区别,因此其负效用参数不做区分。

(3) 路段持续时间负效用。

路段持续时间负效用,主要指的是出行者通过交通路段或在活动路段进行活动而产生的负效用。因此,需要对多模式交通路段、活动路段与转换路段进行区分。

① 活动路段。

活动路段的持续时间负效用取决于其进行活动的时间。对于每一类活动,本章假定存在一个理想持续时间,当条件允许时,出行者在进行活动时总会选择该理想持续时间。出行者在 k 时刻进入活动路段 l_a 的持续时间 $t_{l_a}^d(k)$ 可以由以下公式计算得出:

$$t_{l_a}^d(k)=\min\{t_{l_a}^i,(t_{l_a}^c-k-t_{l_a}^w(k))\},\forall l_a \in L_a,k \in [1,\widehat{T}] \quad (7-6)$$

式中,$t_{l_a}^i$ 表示在活动路段 l_a 执行活动的理想持续时间;$t_{l_a}^c$ 表示活动路段 l_a 的关闭时间;L_a 为活动路段集合。式(7-6)表明,当到达时间太迟而导致无法完整执行理想持续时间的活动时,活动持续时间为到达时间至活动路段关闭。

基于以上的活动路段计算时间公式,可以使用一种对数形式的表达式[88]计算在时刻 k 到达活动路段 l_a 进行活动的负效用 $\mathrm{dis}U_i^{dl_a}(k+t_{l_a}^w(k))$:

$$\mathrm{dis}U_i^{dl_a}(k+t_{l_a}^w(k))=$$

$$\eta_1 \cdot \left(u_{l_a}^* - F_{l_a}(k+t_{l_a}^w(k)) \cdot \frac{\ln(1+\delta_1 \cdot t_{l_a}^d(k))}{\left(1+\dfrac{\max\{q_A(k),0\}}{\widehat{V}_A}\right)^{\delta_2}}\right) + \eta_5 \cdot (t_{l_a}^i - t_{l_a}^d(k))$$

$$\forall i \in I, l_a \in L_a, k \in [1,\widehat{T}], A \in N_A \quad (7-7)$$

第7章 基于双层规划的城市多模式网络活动承载力建模

式中,$u_{l_a}^*$ 表示活动路段 l_a 的理想效用;$F_{l_a}(\cdot)$ 表示时变系数;$q_A(k)$ 表示在时刻 k 时超出活动路段 l_a 对应活动场所 A 的基础容量 $\widehat{V}_A$ 的数量;η_1、δ_1 与 δ_2 表示活动路段持续时间的负效用参数;η_5 表示到达时间较迟未完成活动而导致的惩罚负效用参数;N_A 表示活动场所的集合。

类比于静态网络负效用设置,对于 $q_A(k)$ 的计算,可以进一步表达如下。

对于 $\forall i \in I, l_a \in L_a, j_1, j_2, k \in [1, \widehat{T}], A \in N_A$,有:

$$q_A(k) = \sum_{l_a} \sum_i \left(\sum_{j_1 \leqslant k} u_{l_a}^i(j_1) - \sum_{j_2 \leqslant k} v_{l_a}^i(j_2) \right) \cdot \delta_{l_a}^A - \widehat{V}_A \quad (7-8)$$

式中,$u_{l_a}^i(j_1)$ 表示时刻 j_1 活动路段 l_a 上的 i 类汽车用户的流入流量;$v_{l_a}^i(j_2)$ 为时刻 j_2 活动路段 l_a 上的 i 类汽车用户的流出流量;$\delta_{l_a}^A$ 为指示变量,当活动路段 l_a 属于活动场所 A 所对应的活动路段时,其值为 1,否则为 0。式(7-8)本质上即为求解时刻 k 活动场所 A 的累计流量与其基础容量 $\widehat{V}_A$ 的差值。

路段 l_a 的流入流量,等于同一时刻经过该路段的路径流量之和,流出流量则由流入流量决定。对于 $\forall h \in H, i \in I, b \in B, p \in P_{hb}, l_a \in L_a, k, t \in [1, \widehat{T}]$,表达如下:

$$u_{l_a}^i(k) = \sum_p \sum_i \sum_b \sum_h \sum_t f_p^{hib}(t) \delta_{l_a t}^{hip}(k) \quad (7-9)$$

$$u_{l_a}^i(k) = v_{l_a}^i(k + t_{l_a}^W(k) + t_{l_a}^d(k)) \quad (7-10)$$

式中,$\delta_{l_a t}^{hip}(k)$ 表示指示变量,当 i 类汽车用户从居住地 h 于 t 时刻出发,活动组成类型为 b,使用路径为 p 在 k 时刻进入活动路段 l_a 时,其值为 1,否则为 0。$f_p^{hib}(t)$ 则表示所对应的该类用户流量。

式(7-10)同样表现了动态网络中的流量加载过程。

② 道路路段。

道路路段持续时间负效用的计算需要区分电动汽车与燃油汽车用户的异质性。对于 i 类车辆出行者,将其在 k 时刻到达并通过道路路段 l_r 所导致的负效用 $\mathrm{dis}U_i^{dl_r}(k)$ 定义为:

$$\mathrm{dis}U_i^{dl_r}(k) = \eta_2 t_{l_r}(k) + \eta_3 C_{l_r}^i(t_{l_r}^i(k)), \ \forall i \in I, l_r \in L_r, k \in [1, \widehat{T}]$$

$$(7-11)$$

式中，$t_{l_r}(k)$ 表示在 k 时间段进入路段 l_r 所需花费的时间；$C_{l_r}^i(t_{l_r}(k))$ 表示在道路路段 l_r 上行驶 i 类型车辆用户所需的能耗费用，此处将其表示为一个与路段通行时间相关的函数；η_2 与 η_3 为对应时间与能耗导致的货币费用的负效用参数；L_r 表示属于 r 的所有路段集合。对于路段的行驶时间 $t_{l_r}(k)$，本书遵循已有文献中动态交通分配点排队模型的一般时间函数形式[86,89]，将其定义为：

$$t_{l_r}(k)=\max\{t_{l_r}^0, t_{l_r}^i(k-1)+\delta_3' \cdot \left(\frac{u_{l_r}(k)}{V_{l_r}}\right)^{\delta_4'}-1\} \quad (7-12)$$

式中，$t_{l_r}^0$ 表示路段 l_r 的自由流通行时间；$u_{l_r}(k)$ 表示在 k 时间段进入路段 l_r 的流量；V_{l_r} 为路段 l_r 的容量；δ_3' 和 δ_4' 为参数，可以通过交通观察数据标定而得。此处需要区分电动汽车与燃油汽车行驶特性的不同，令：

$$u_{l_r}(k)=\gamma_1 u_{l_r}^e(k)+u_{l_r}^g(k) \quad (7-13)$$

式中，$u_{l_r}^e(k)$ 和 $u_{l_r}^g(k)$ 分别表示在 k 时刻进入路段 l_r 的 EV 与 GV 流量；γ_1 为表示 EV 更良好性能的异质性参数，$\gamma_1<1$。对于流入流量 $u_{l_r}^e(k)$ 与 $u_{l_r}^g(k)$，其值等于同一时刻经过该道路路段路径流量的叠加，具体表述同式(7-9)。

针对到达路段时间可能是非整数的情况，参考已有研究[90]，使用线性插值法求其路段通行时间，当到达时间 $\tau \in [k-1,k]$ 时，则有：

$$t_{l_r}(\tau)=(k-\tau) \cdot t_{l_r}(k-1)+(\tau-k+1) \cdot t_{l_r}(k), \forall k \in [1,\hat{T}] \quad (7-14)$$

而对于能耗费用的计算，依然将其定义为一个与路段行驶时间相关的函数 $C_{l_r}^i(t_{l_r}(k))$，并对 EV 以及 GV 做区分。k 时刻到达路段 l_r 的出行者的能耗费用为：

$$C_{l_r}^i(t_{l_r}(k))=\begin{cases} g_1 t_{l_r}(k)+g_2 H(t_{l_r}(k)), \text{对于 GV} \\ e_1 t_{l_r}(k)+e_2 H(t_{l_r}(k)), \text{对于 EV} \end{cases} \quad (7-15)$$

g_1, g_2, e_1, e_2 为对应 EV 与 GV 的参数；$H(\cdot)$ 是一个单调递增的凹函数。参考现有的研究[91-92]，$e_1 \approx 0.14 g_1$，$e_2 < 0.1 g_2$，本书算例采用 $H(t)=\ln(5t+1)$。

③ 公共交通路段。

不同于静态网络，动态网络由于划分了时间段，因此需要考虑公共交通的发车时间点，由等待公共交通班次而产生的时间费用不仅存在于换乘过程中，由活动路

第7章 基于双层规划的城市多模式网络活动承载力建模

段进入公共交通路段同样会产生该类费用,因此动态网络中公共交通路段的费用等于票价、舒适度、通行时间以及因等待出发而产生的费用求和。将在 k 时刻到达并通过公共交通路段 l_{pt} 所导致的负效用 $\mathrm{dis}U^d l_{pti}(k)$ 定义为:

$$\mathrm{dis}U_i^{dl_{pt}}(k) = \eta_4 t_{l_{pt}}^w(k) + \eta_2 t_{l_{pt}}^v(k) + \eta_3 C_{l_{pt}}(L_{l_{pt}}), \forall i \in I, l_{pt} \in L_{pt}, k \in [1, \hat{T}] \tag{7-16}$$

其中,$t_{l_{pt}}^w(k)$ 表示在 k 时刻到达路段 l_{pt} 由等待发车而产生的时间费用;$t_{l_{pt}}^v(k)$ 表示在 k 时刻考虑了公共交通车厢内拥挤效应的实际感知路段通行时间;$C_{l_{pt}}(L_{l_{pt}})$ 表示路段 l_{pt} 的票价费用,按路段长度 $L_{l_{pt}}$ 计价;η_4,η_2,η_3 为与上文相同的负效用参数。

对于等待时间 $t_{l_{pt}}^w(k)$,其定义如下:

$$t_{l_{pt}}^w(k) = \min\{k' | k' \geq k, k' \in \varphi_{l_{pt}}\} - k, \forall l_{pt} \in L_{pt}, k \in [1, \hat{T}] \tag{7-17}$$

其中,$\varphi_{l_{pt}}$ 表示公共交通路段 l_{pt} 上所有车次出发时间点的集合;k' 为 $\varphi_{l_{pt}}$ 中的迟于或等于到达时刻 k 的时间;L_{pt} 指属于 pt 的所有路段集合。

动态网络中的感知路段通行时间 $t_{l_{pt}}^v(k)$ 的定义类似于静态网络中,使用类 BPR 函数的形式表达如下:

$$t_{l_{pt}}^v(k) = t_{l_{pt}}^0 \left(1 + \delta_5 \left(\frac{\max\{0, \sum_i r_{l_{pt}}^i(k) - \vartheta \cdot V_{l_{pt}}\}}{V_{l_{pt}}}\right)^{\delta_6}\right)$$
$$\forall l_{pt} \in L_{pt}, i \in I, k \in \varphi_{l_{pt}} \tag{7-18}$$

其中,$V_{l_{pt}}$ 表示路段 l_{pt} 的基础容量;$t_{l_{pt}}^0$ 表示路段 l_{pt} 上的实际通行时间;$r_{l_{pt}}^i(k)$ 表示 k 时刻从公共交通路段 l_{pt} 上出发的 i 类用户人数;δ_5 和 δ_6 为用来描述车内拥挤影响的参数;ϑ 表示公共交通出行者开始感受到拥挤影响时乘客数量与车次容量的比值。由于需要考虑出行者等待车次出发而产生的流量积聚,因此对 $r_{l_{pt}}^i(k)$ 需要进一步细化如下:

$$r_{l_{pt}}^i(k) = \sum_{\omega = k^- + 1}^{k} u_{l_{pt}}^i(\omega), \forall k, k^- \in \varphi_{l_{pt}} \tag{7-19}$$

其中,$u_{l_{pt}}^i(\omega)$ 表示在 ω 时刻到达公共交通路段 l_{pt} 的流量;k, k^- 为车次出发时刻集合 $\varphi_{l_{pt}}$ 中紧邻的两个时刻。式(7-19)表示公共交通路段某时刻的出发流量等于上一班次发车时刻至当前时刻的路段到达累计流量。

④ 转换路段。

不同于静态网络转换路段负效用设置需要考虑步行时间与对公共交通的等待时间,动态网络中的等待时间需要添加至公共交通路段之上,因此转换路段仅需考虑进入子模式路网的步行时间,此处依然不考虑步行路段的拥堵效应以及容量,将其时间费用设为定值,则出行者在 k 时刻进入转换路段 l_{trans} 的负效用 $\text{dis}U_{l_{\text{trans}}}(k)$ 定义如下:

$$\text{dis}U_{l_{\text{trans}}}(k) = \eta_2 \hat{t}^w_{l_{\text{trans}}}, \quad \forall l_{\text{trans}} \in L_{\text{trans}} \qquad (7-20)$$

其中,$\hat{t}^w_{l_{\text{trans}}}$ 表示路段 l_{trans} 上的步行时间,设为定值;η_2 为对于通行时间的负效用参数,定义同上文;L_{trans} 表示转换路段集合。

2) 动态活动网络用户均衡的变分不等式模型

在出行者出行符合 Wardrop 第一原理的前提下,动态网络中出行者的多模式时空活动出行路径包含对出发时间、活动顺序、出行路径、目的地的多重选择,其最终达到均衡状态时可以获取不同多模式时空活动出行路径的流量分布,从而得到各路段的时变流量分布,此时的均衡状态称为动态活动用户均衡状态。达到均衡状态时,所有被使用的多模式时空活动出行路径的效用相等,任何未使用的多模式时空活动出行路径负效用小于或等于被使用的路径负效用。类似于静态网络,动态网络中活动用户均衡状态的数学表达式如下所示:

$$\begin{cases} f^{hib}_p(t) > 0 \Rightarrow \text{dis}U^{hp}_{ib}(t) = \pi^{hb}_i, \forall h \in H, p \in P_{hb}, i \in I, b \in B, t \in [1, \hat{T}] \\ f^{hib}_p(t) = 0 \Rightarrow \text{dis}U^{hp}_{ib}(t) \geqslant \pi^{hb}_i, \forall h \in H, p \in P_{hb}, i \in I, b \in B, t \in [1, \hat{T}] \end{cases}$$
$$(7-21)$$

其中,π^{hb}_i 表示在居住地 h 出行活动组成为 b 的 i 类出行者出行的最小负效用。式(7-21)满足以下流量守恒约束以及非负约束:

$$\sum_p \sum_i \sum_b \sum_t f^{hib}_p(t) - F^h = 0, \forall h \in H \qquad (7-22)$$

$$f^{hib}_p(t) \geqslant 0, \forall h \in H, p \in P_{hb}, i \in I, b \in B, t \in [1, \hat{T}] \qquad (7-23)$$

基于已有的文献[86,93,94],动态活动网络均衡问题可以转换为求解最优多模式

第7章 基于双层规划的城市多模式网络活动承载力建模

活动出行路径流量分布形式的变分不等式(VI)模型：

$$\sum_h \sum_i \sum_b \sum_p \sum_t \text{dis} U_{ib}^{hp*}(t) \cdot (f_p^{hib}(t) - f_p^{hib*}(t)) \geq 0 \quad (7-24)$$

式中，$f_p^{hib*}(t)$ 表示所求的最优路径流量；$\text{dis} U_{ib}^{hp*}(t)$ 为最优路径流量分布所对应的路径负效用。由式(7-1)至式(7-19)可知，路径负效用 $\text{dis} U_{ib}^{hp*}(t)$ 本质上是路径流量的函数。因此式(7-24)可以写成如下求解 f^* 向量形式：

$$\text{dis} U(f^*) \cdot (f-(f)^*) \cdot 0, \forall f \in \Omega \quad (7-25)$$

其中，f 是表示多模式时空活动出行路径流量分布的向量；f^* 为所求解的最优流量分布形式向量；$\text{dis} U(f^*)$ 为表示活动出行路径负效用的向量；Ω 表示路径流量分布的可行取值域，其满足约束式(7-22)与式(7-23)。由于该可行集是紧集并且效用函数相对于路径流量连续且单调，因此该 VI 模型解存在[95]，有关其等价性证明此处不予赘述，有兴趣者可以参考已有研究[86]。由于前文中定义的路径负效用函数对于路径流量为非线性和非凸的[96]，因此该 VI 模型不存在全局最优解，可能存在多个局部最优解。

针对所建立的动态活动网络均衡的 VI 模型，其求解的关键在于模拟动态网络的流量加载过程(DNL)，动态网络加载与交通流量在交通网络内的传播有关。在不同的动态网络加载模型下，研究人员已经证明了连续时间和离散时间公式中路径负效用的连续性[97-99]。而与一般的动态用户均衡(DUE)模型不同，活动网络均衡模型是在多模式活动出行网络开发的，其路径包含交通出行与活动两种属性。因此在此处基于离散时间点排队模型[100]构建相应的动态网络加载过程如下：

$$u_l(k) = \sum_{i \in I} \sum_{h \in H} \sum_{b \in B} \sum_{p \in P_{hb}} u_{lb}^{hip}(k), \forall l \in L, k \in [1, \hat{T}] \quad (7-26)$$

$$u_{lb}^{hip}(k) = \zeta_l^{hipb} \cdot f_{ib}^{ph}(k) + \zeta_{c,l}^{hip} \cdot v_{lb}^{hip}(k)$$

$$\forall l \in L, c \in L, b \in B, h \in H, p \in P_{hb}, i \in I, k \in [1, \hat{T}] \quad (7-27)$$

$$v_l(k) = \sum_{i \in I} \sum_{h \in H} \sum_{b \in B} \sum_{p \in P_{hb}} v_{lb}^{hip}(k), \forall l \in L, k \in [1, \hat{T}] \quad (7-28)$$

$$r_{cb}^{hip}(k) = \zeta_{lc}^{ihp} \cdot v_{lb}^{ihp}(k), \forall c, l \in L, i, h, p, b, k \quad (7-29)$$

$$r_{lb}^{hip}(k) = u_{lb}^{hip}(k + t_l^W(k)), \forall l \in L_a \cup L_r \cup L_{\text{trans}}, i, h, p, b, k \quad (7-30)$$

$$r_{l_{pt}b}^{hip}(k) = u_{l_{pt}b}^{hip}(k + t_{l_{pt}}^{W}(k) + t_{l_{pt}}^{w}(k)), \forall l \in L_{pt}, i, h, p, b, k \quad (7-31)$$

$$u_{lb}^{hip}(k) = v_{lb}^{ihp}(k + t_{l}^{D}(k)), \forall l \in L, i, h, p, b, k \quad (7-32)$$

式中，$u_l(k)$ 表示 k 时刻路段 l 上的流入流量；$v_l(k)$ 表示 k 时刻路段 l 上的流出流量；$u_{lb}^{hip}(k), v_{lb}^{hip}(k), r_{lb}^{hip}(k)$ 分别表示从 h 出发使用路径为 p 的 i 类用户在 k 时刻路段 l 的流入流量、流出流量以及到达流量。当路段 l 是路径 p 的起始路段时，ζ_l^{hipb} 为 1，否则为 0；当路段 c 是路段 l 的前置路段时，$\zeta_{c,l}^{hip}$ 为 1，否则为 0。$t_l^w(k)$ 表示路段 l 的持续时间，对于活动路段为进行活动的持续时间，对于道路路段为行驶时间，对于公共交通路段为路段实际行驶时间，对于转换路段为步行时间。$t_l^w(k)$ 为 k 时刻到达路段 l 路上由路段未开放而导致的等待时间；$t_{l_{pt}}^w(k)$ 为 k 时刻到达公共交通路段 l_{pt} 等待发车导致的等待时间。式(7-26)至式(7-28)表示路段流入流量以及流出流量与路径流量之间的关系，式(7-29)至式(7-31)分路段种类表述了到达流量与流入流量和流出流量的关系，式(7-32)表示沿着路径的路段流入流量与流出流量之间的计算关系。

3) 动态活动承载力模型

本节提出求解动态网络中的活动承载力模型，基于上一节所提出的动态活动网络均衡的 VI 模型，建立双层规划模型。其上层模型目标函数依然为求解最大活动数，下层 VI 模型所求得的是均衡状态时多模式时空活动路径的流量分布以及各路段的时变流量。

在离散化时间假设的动态交通网络中，出行者在交通路段的行驶状态受到同一时间段进入该路段的流量影响，因此在评估动态网络的承载力时，约束条件应当关注交通路段的单位时间段内流入流量的容量限制，而活动路段的容量限制则应当设置为活动场所在单位时间段上所能容纳的同时进行活动的最大人数。

基于以上结论，建立动态活动承载力的上层模型为：

$$\max_p \sum_{h \in H} \sum_{i \in I} \sum_{b \in B} F^h p_{bi}^h N_b \quad (7-33)$$

其中，F^h 表示居住地 h 的总数；p_{bi}^h 表示居住地 h 的 i 类车辆出行者中单日出行组合类型为 b 的数量占居住地 h 所有居民的比例；N_b 表示出行组合为 b 内含的活动数量。满足以下约束条件：

$$0 \leqslant u_{l_r}(k) \leqslant V_{l_r}, \forall l_r \in L_r, k \in [1, \hat{T}] \quad (7-34)$$

第7章 基于双层规划的城市多模式网络活动承载力建模

$$0 \leqslant u_{l_{pt}}(k) \leqslant V_{l_{pt}}, \forall l_{pt} \in L_{pt}, k \in [1,\hat{T}] \qquad (7-35)$$

$$q_A(k) \leqslant \bar{V}_A - \hat{V}_A, \forall A \in N_A, k \in [1,\hat{T}] \qquad (7-36)$$

$$\sum_{i \in I} \sum_{b \in B} p_{b,i}^h = 1, \forall h \in H \qquad (7-37)$$

$$0 \leqslant p_{b,i}^h \leqslant 1, \forall h \in H, b \in B, i \in I \qquad (7-38)$$

$$V_l = \gamma_2 \bar{V}_l, \forall l \in L_a \qquad (7-39)$$

其中约束式(7-34)表示道路路段的流入流量约束,约束式(7-35)表示公共交通路段的流入流量约束,约束式(7-36)表示活动场所的容量约束,约束式(7-37)表示出行者人数守恒约束,约束式(7-38)为上层模型变量的取值范围。$\bar{V}_A$ 表示活动场所的极限容量,其值求解表达如下:

$$\bar{V}_A = \gamma_2 \hat{V}_A, \forall A \in N_A \qquad (7-40)$$

γ_2 为放大系数。下层模型为前文所建立的动态活动网络均衡的变分不等式模型:

$$\mathrm{dis}U(f^*) \cdot (f - f^*) \geqslant 0, \forall f \in \Omega \qquad (7-41)$$

满足相关的约束条件。下一节将针对该模型设计求解下层模型的路径流量交换算法以及求解上层模型的并行遗传算法。

7.3.2 求解算法

本节设计了对于动态网络中活动承载力双层规划模型的求解算法,主要包括求解下层模型的路径流量交换算法与求解上层模型的并行遗传算法。

1) 下层求解算法

由于该动态活动网络均衡模型的效用函数是一个非常复杂的非线性以及非凸函数,解的存在性与所构建的多模式活动出行网络的性质相关,因此该模型很难有一个全局最优的唯一解。针对其下层的VI模型,为了增强其可求解性,本节采用一种启发式的路径流量交换算法来求解该模型,其原理为通过将非最短路径的流量向最短路径转换以最终达到收敛条件,每一次转换的流量与当前路径和最短路径之间负效用的差值正相关。其具体步骤如下所示:

步骤1:初始化,设定参数 $\rho > 0, \mu > 0$ 以及收敛条件 $\varepsilon > 0$,选取规模算子序列

$\{\rho_\tau:\tau=0,1,2,\cdots\}$,其中 $\rho_\tau=\rho/[(\tau+1)/\mu]$;设定初始迭代次数 τ 为 0,依据活动组成约束搜寻所有可行的多模式时空活动出行路径生成路径集 $P_\Omega\{p_i^{h,b},\forall h,i,b\}$,路径集中包含所有符合条件的出行路径,并且进行交通分配得到初始流量解 f_0。

步骤 2:依据现有的路径流量分布形式计算当前时空路径负效用值。首先计算活动路段与公共交通路段的等待时间 $t_i^w(k)_\tau$,以及等待负效用 $\mathrm{dis}U_i^{wl}(k)$。其次计算路径中活动路段与交通路段的持续时间 $t_i^d(k)_\tau$ 及其所对应的负效用值 $\mathrm{dis}U_i^{dl}(k)_\tau$。获取每一条路段的负效用 $\mathrm{dis}U_i^l(k)_\tau$ 以及路径的总负效用 $\mathrm{dis}U_{ib}^{hp}(k)_\tau$。

步骤 3:收敛准则检查。如果满足

$$\frac{\sum_{h\in H}\sum_{i\in I}\sum_{b\in B}\sum_{p\in P_{hb}}\sum_{k\in\hat{T}} f_{ib}^{ph}(k)_\tau \cdot (\mathrm{dis}U_{ib}^{hp}(k)_\tau - \mathrm{dis}U_{\min}^{hib}(k)_\tau)}{\sum_{h\in H}\sum_{i\in I}\sum_{b\in B}\sum_{p\in P_{hb}}\sum_{k\in\hat{T}} f_{ib}^{ph}(k)_\tau \cdot \mathrm{dis}U_{\min}^{hib}(k)_\tau} < \varepsilon \quad (7-42)$$

则算法停止。

步骤 4:更新流量。

对于 $\forall h,i,b$,找出当前负效用最小的活动出行路径,即:

$$PK_\tau^{hib}=\{(p,k):\mathrm{dis}U_{ib}^{hp}(k)_\tau=\mathrm{dis}U_{\min}^{hib}(k)_\tau,\forall p\in P_{hb},k\in[1,\hat{T}]\} \quad (7-43)$$

接着进行流量更新过程:

$$f_{ib}^{ph}(k)_{\tau+1}=\begin{cases}\max\{0,f_{ib}^{ph}(k)_\tau-\rho_\tau\cdot f_{ib}^{ph}(k)_\tau\cdot(\mathrm{dis}U_{ib}^{hp}(k)_\tau-\mathrm{dis}U_{\min}^{hib}(k)_\tau)\} & (p,k)\notin PK_\tau^{hib}\\ f_{ib}^{ph}(k)_\tau+\sum_{(p,k)\neq PK_{hib}}(f_{ib}^{ph}(k)_\tau-f_{ib}^{ph}(k)_{\tau+1})/|PK_{hib}| & (p,k)\in PK_\tau^{hib}\end{cases}$$

$$(7-44)$$

返回步骤 1。

需要说明的是,该算法中的规模算子 ρ_τ 应当取得合适的值以保证算法的收敛性能,本书参考 Huang 等人[96]的研究对 ρ_τ 进行取值,该取值形式在其研究中已被证明可以使算法达到收敛。

2) 上层求解算法

由于在动态网络中新增了时间维度,所以下层的动态活动网络均衡模型相比

第7章　基于双层规划的城市多模式网络活动承载力建模

于静态对于同样规模的路网将会花费更多的时间进行求解。在本章所建立的模型中,采用遗传算法进行求解的主要时间消耗是对种群中每个个体的适应度的评估过程以及进化过程,也即下层的交通分配过程。然而,由于遗传算法是一种基于种群的元启发式算法,本书致力于提高整个种群的质量,而不是一个单一的个体。在遗传算法中,每个个体都可以在每一代中进行独立的评估。遗传算法的独立部分可以分配到不同的进程中,通过并行执行,以减少计算时间。有兴趣的读者可以参考文献以获得更多细节[101]。因此针对本章的模型此处设计了一种并行遗传算法(PGA),它将适应度评估过程(求解下层活动网络均衡问题)并行化,从而提高求解效率。

该算法具体步骤如下:

步骤1:初始化。确定遗传算法参数,生成初始种群。

步骤2:并行计算适应度,将每一条染色体代入下层模型求解流量,并依据结果获取适应度结果,利用CPU的多核优势进行并发编程,提高求解效率。

步骤3:进行遗传运算。对种群进行选择、交叉与变异操作,具体操作可见7.4.2节详述。经过此步骤可以获得新种群。

步骤4:新种群适应度计算。当通过以上操作得到子代族群后,再一次通过并行计算的方式对种群中的个体进行适应度的计算并排序。

步骤5:下一代种群选择。将子代族群与父代族群中所有个体放置于同一选择池中,选取适应度函数值最高的 q 个个体,然后从剩下的个体中随机选取,直到满足族群的数量要求,生成新一代种群 $P(t+1)$。

步骤6:算法终止条件检验。(1)新生成族群的适应度排名前5的个体适应度值未发生大的变化。(2)算法达到最大迭代次数。

为方便展示,本节设计的并行遗传算法的示意图如图7.3所示。

本章动态活动承载力模型与求解算法的案例分析详见7.5案例研究部分。

7.4　基于活动承载力的网络设计

本章在动态网络中的活动承载力模型基础上,进一步拓展其应用场景,建立了基于活动承载力的网络设计模型。不同于传统的网络设计问题的关注对象是交通路段,本章依托多模式活动出行网络,研究交通路段与活动场所容量的优化设计问题,将其描述为一个三层规划问题,并设计了求解算法。

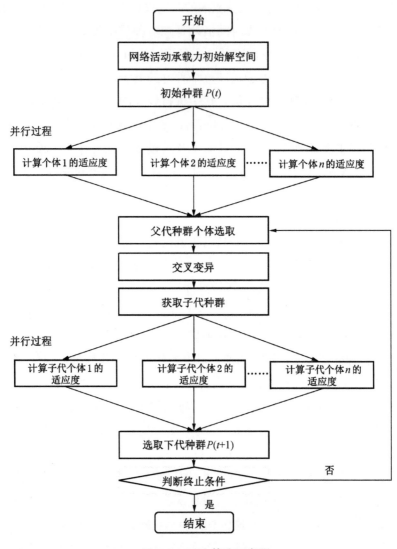

图 7.3 PGA 算法示意图

7.4.1 问题描述

传统的交通网络设计的目标是得到最优的规划方案从而改进交通网络以增强其服务交通出行的能力,交通网络设计是一个相当复杂且涉及多方交通参与者的过程。交通网络设计需要管理部门的合作,除此以外还需要考虑参与交通活动的群众的相关利益,从而得到基于综合考虑的最优决策结果,其本质上是多方参与者的博弈过程[102]。一般采用双层规划模型进行描述,上层模拟具有决策

第7章 基于双层规划的城市多模式网络活动承载力建模

权的交通管理部门,下层模拟可以选择路径的普通出行者。在已有的研究中[103],交通网络设计的目标函数设计原则包括总体出行费用最小[104],出行排放最小,出行需求最大[105-106]等,而对于约束则需要考虑建设方案的预算上限[107-108]。总的来说,现有的大部分交通网络设计还仅仅局限于交通层面,通过对交通道路的重新规划或者改造以实现最大化收益,而鲜有研究从活动的角度对网络设计进行考量。

在此背景下,将前文构建的网络活动承载力模型与网络设计问题相结合,使其应用于规划与控制策略领域,将拓展其应用场景,为城市规划部门提供有效的工具。由于本书建立了多模式活动出行网络,因此不同于已有的研究,本节所建立的网络设计模型不仅关注了交通路段的容量设计,还考虑了活动场所的容量设计问题,其本质是一个包含连续变量的网络设计模型。

在展开本节内容前需要明确以下假设:

(1) 本文使用统一的负效用值来代表出行费用,城市规划者的目标是在条件约束下达到网络活动承载力的最大值,出行者的目标是最小化出行负效用,依据上层所确定的网络设计方案来确定最优出行方案。

(2) 交通路段与活动场所容量增加的费用函数 $g_{l_r}(\cdot)$, $g_{l_{pt}}(\cdot)$ 与 $g_A(\cdot)$ 是一个关于自变量的连续可微函数。

7.4.2 基于活动承载力的网络容量设计模型

基于活动承载力的城市网络设计模型,相当于在活动承载力双层规划模型上增加了一层网络设计,即三层规划模型。其上层模型为包含网络设计变量的网络设计模型,中层模型为求解网络活动承载力的模型,下层模型为活动网络均衡模型,具体框架如图7.4所示。由于上层模型与中层模型目标都是网络活动承载力最大化,因此其可以共用一个目标函数,从而将该模型转化为双层规划模型。

本节所关注的设计问题的目标网络是所建立的多模式活动出行网络,其中包含道路路段、公交路段以及地铁路段的交通路段以及进行活动的活动路段,因此网络设计的目标变量设置应综合考虑。同时前文建立了静态与动态网络中的活动承载力模型,因此本节同样需对其分别考虑,建立静态网络与动态网络的设计模型。

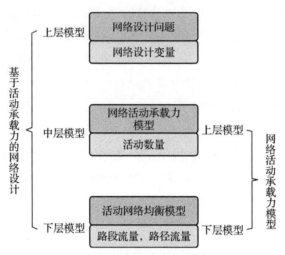

图 7.4　基于活动承载力的网络设计框架

基于静态活动承载力的网络容量设计模型，由于其中层模型与上层模型目标函数相同，因此可以建立一个双层规划模型用以求解，其下层模型为静态活动网络的用户均衡模型。所提出的模型中的上层模型可以在符合预算约束的前提下提供交通路段以及活动场所的容量设计方案，而下层模型则依据网络均衡原则求出此时出行者的活动出行分布，其本质是一个包含连续变量的优化模型。

其上层模型的目标函数为活动承载力：

$$\max_p \sum_{h \in H} \sum_{i \in I} \sum_{b \in B} F^h p_{bi}^h N_b \quad (7-45)$$

首先设定网络容量设计问题的约束条件：

$$V_{l_r}^0 \leqslant V_{l_r} \leqslant V_{l_r}^{\max}, \ \forall l_r \in L_r \quad (7-46)$$

$$\bar{V}_A^0 \leqslant \bar{V}_A \leqslant \bar{V}_A^{\max}, \ \forall A \in N_A \quad (7-47)$$

$$V_{l_{pt}}(f_{l_{pt}}^0) \leqslant V_{l_{pt}}(f_{l_{pt}}) \leqslant V_{l_{pt}}(f_{l_{pt}}^{\max}), \ \forall l_{pt} \in L_{pt} \quad (7-48)$$

$$\sum_{l_r \in L_r} g_{l_r}(V_{l_r}) + \sum_{A \in N_A} g_A(\bar{V}_A) + \sum_{l_{pt} \in L_{pt}} g_{l_{pt}}(f_{l_{pt}}) \leqslant F, \forall l_r, A, l_{pt} \quad (7-49)$$

其中，$V_{l_r}^0$，$\bar{V}_A^0$，$V_{l_{pt}}(f_{l_{pt}}^0)$ 分别表示任意道路路段 l_r、活动场所 A、公共交通路

段 l_{pt} 的当前容量；$V_{l_r}^{\max}$、$\bar{V}_A^{\max}$、$V_{l_{pt}}(f_{l_{pt}}^{\max})$ 表示对应的容量上限。$f_{l_{pt}}$ 表示公共交通路段 l_{pt} 的发车频率，路段的发车频率也即其所对应的公共交通线路的发车频率，公共交通路段容量 $V_{l_{pt}}(f_{l_{pt}})$ 由发车频率乘单车容量确定，$f_{l_{pt}}^0$ 是当前发车频率，$f_{l_{pt}}^{\max}$ 表示发车频率上限。$g_{l_r}(V_{l_r})$，$g_A(\bar{V}_A)$，$g_{l_{pt}}(f_{l_{pt}})$ 分别表示道路路段 l_r 的容量 V_{l_r}、活动场所 A 的容量 $\bar{V}_A$、公共交通路段 l_{pt} 的容量 $V_{l_{pt}}(f_{l_{pt}})$ 扩展的建造花费函数；F 为用于容量扩建的预算上限。其中约束式(7-46)至式(7-48)分别表示道路路段、活动场所、公共交通路段的容量设计范围约束，式(7-49)表示网络设计预算约束。

其次该模型满足静态活动承载力的约束条件：

$$0 \leqslant x_{l_r}(f) \leqslant V_{l_r}, \forall l_r \in L_r \tag{7-50}$$

$$0 \leqslant x_{l_{pt}}(f) \leqslant V_{l_{pt}}, \forall l_{pt} \in L_{pt} \tag{7-51}$$

$$0 \leqslant \sum_{l_a} \sum_i x_{l_a}^i(f) \cdot \delta_{l_a}^A \leqslant \bar{V}_A, \forall l_a \in L_a, A \in N_A \tag{7-52}$$

$$\sum_{i \in I} \sum_{b \in B} p_{b,i}^h = 1, \forall h \in H \tag{7-53}$$

$$0 \leqslant p_{b,i}^h \leqslant 1, \forall h \in H, b \in B, i \in I \tag{7-54}$$

该网络设计问题的下层模型依然采用静态活动网络均衡的变分不等式模型：

$$\varphi(f^*)^T (f - f^*) \geqslant 0, \forall f \in \Omega \tag{7-55}$$

其中 Ω 表示路径流量分布的可行集合，$\Omega = \{f \mid \sum_p \sum_i \sum_b f_p^{hib} = F^h, f_p^{hib} \in [0, F^h], \forall h, b, i, p\}$。

基于动态活动承载力的网络容量设计模型与静态网络类似，其上层模型满足网络设计问题的约束与动态活动承载力的约束，其下层模型为动态活动网络均衡的变分不等式模型。需要说明的是，不同于静态网络对公共交通路段的处理，由于动态网络中存在时间维度，增加公共交通发车班次对路段通行能力提升反映在出行者因等待发车而排队的积聚减少，其单独班次的乘客容量依然保持不变，即公共交通路段的单位时间段的容量 $V_{l_{pt}}$ 不变。

7.4.3 求解算法

网络设计问题(NDP)与网络容量问题(NCP)本质上是非常类似的问题，

对于 NDP 问题启发式算法的求解效果已经被广为验证[85,109,110]。本书所提出的网络设计模型中含有三类决策变量，即道路路段容量、公共交通路段发车频率以及活动场所容量，是一类连续变量的网络设计问题，具有更为广泛的应用场景，也因此比单纯的离散网络设计问题求解更为复杂。因为其决策变量组成更加多维，这将进一步增加所建立模型的求解难度。针对该特点，本书在原有遗传算法的基础上，开发了一种模拟退火遗传算法（SAGA），其融合遗传算法（GA）适用于全局搜索的优点以及模拟退火算法（SA）局部搜索能力较强的优点，可以进一步提高算法的收敛效率。除此以外，为了进一步提高算法的性能，本书还提出了一种自适应选择机制，即自适应模拟退火遗传算法（ASAGA）。

该算法的具体流程如下：

步骤 1：染色体表示。每一条染色体表示的是该问题的一种规划方案。各活动组成类别比例、备选路段选择方案、备选路段容量设计方案被选为遗传算法中染色体的基因。在图 7.5 中展示了染色体组成的形式，每一条染色体一共可以分为四部分。其中 I 表示活动组成类别数量，J 表示网络中存在的居住地数量，N_1 表示道路路段数量，N_2 表示活动场所数量，N_3 表示公共交通线路数量。在 A 部分中为实数编码并且分为多个子段，第一个子段表示在居住地 1 活动组成类别为 1 的比例，依次类推，在 B 与 C 部分中采用整数编码，每个基因代表对应路段的设计容量，在 D 部分中采用整数编码，每个基因对应公共交通路线的发车频率。

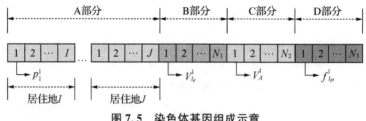

图 7.5 染色体基因组成示意

步骤 2：种群初始化。基于上述染色体编码，随机生成染色体作为初始种群。过程总结如下：

（1）设置初始 GA 和 SA 参数：总体大小、初始生成、初始温度、终止温度、冷却系数、最大迭代生成总量以及每个温度级别的循环次数。

第7章　基于双层规划的城市多模式网络活动承载力建模

(2) 设置基因变化边界,有利于生成可行解和加快收敛速度。

(3) 随机生成父代染色体基因,包括各出行地各种出行活动组成的数量。

(4) 检查染色体的可行性,即是否满足上层约束条件。如果不可行,则返回第(2)步,直到获得可行的种群。

步骤3:选择过程。在每一个连续世代中,从现有种群中选择一部分来繁殖新一代。选择过程基于轮盘赌旋转次数每次选择一条染色体。选择过程总结如下。

(1) 计算繁殖概率。

$$P(n) = \frac{\mathrm{Eval}(n)}{\sum_{n=1}^{N} \mathrm{Eval}(n)} \quad n=1,2,\cdots,N \quad (7-56)$$

(2) 从(0,1)中随机生成一个实数 h。

(3) 如果染色体 n 满足 $P(n)-h \geqslant 0$,则染色体 n 被选择。

(4) 重复第(2)步和第(3)步 N 次,获得 N 个初始染色体。

步骤4:自适应交叉。交叉是生成新种群的主要操作之一。首先,我们定义一个参数来表示自适应退火交叉概率。但由于大的交叉概率会破坏 GA 后期的最优解,小的交叉概率会影响 GA 初始阶段个体的多样性,因此为了克服上述缺点,本书引入自适应退火温度交叉概率,表述如下:

$$p_c = \begin{cases} k_1 \dfrac{f_{\max}-f'}{f_{\max}-f_{\mathrm{avg}}} - \dfrac{\beta N}{T_{\mathrm{now}}} & f' > f_{\mathrm{avg}} \\ k_2 - \dfrac{\beta N}{T_{\mathrm{now}}} & f' \leqslant f_{\mathrm{avg}} \end{cases} \quad (7-57)$$

其中,k_1 和 k_2 为交叉适应参数;$f_{\max}$ 和 f_{avg} 分别为最高适应度值和平均适应度值;f' 是两条交叉染色体的较大适应值;β 是比例系数,$0<\beta<1$;T_{now} 是当前迭代的温度。可见,如果所有染色体适合度较低或当前迭代的温度较高,则以较高的概率进行交叉操作,以产生优秀个体并提高种群多样性;如果适应度较高或当前迭代的温度较低,则会降低交叉概率以保护优秀个体。

确定交叉概率后,按下列步骤实施交叉操作:

(1) 初始化交叉概率 p_c。

(2) 从(0,1)中生成一个随机数 h。

(3) 如果 $h < p_c$,选择的染色体 n 参与交叉操作。

(4) 通过图 7.6 所示的交叉操作获得 N 个新染色体。

(5) 计算可行染色体的目标值,并选择 N 个染色体作为精英群体。

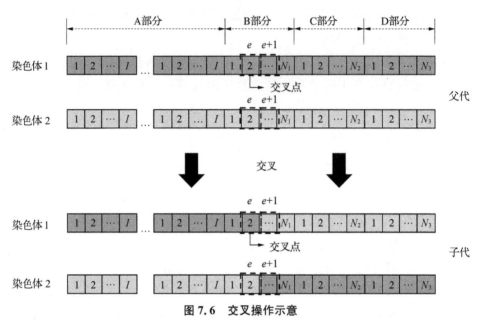

图 7.6 交叉操作示意

步骤 5:自适应变异。变异是更新染色体的另一个重要步骤。本书定义了一个参数 p_m 来表示自适应退火变异概率,并随机选择一些染色体作为父代进行交叉操作类似的方式。同样,自适应退火温度变异概率 p_m 如下:

$$p_m = \begin{cases} k_3 \dfrac{f_{\max} - f'}{f_{\max} - f_{\text{avg}}} - \dfrac{\eta N}{T_{\text{now}}} & f' > f_{\text{avg}} \\ k_4 - \dfrac{\eta N}{T_{\text{now}}} & f' \leqslant f_{\text{avg}} \end{cases} \quad (7-58)$$

其中,k_3,k_4 为变异适应参数。对于选择的父代染色体,本书随机选择变异基因(不是最后一个基因),随机改变它们的值。染色体中突变基因与所有基因的比例设置为 σ。如果一条染色体在变异操作后是可行的,那么突变的染色体将形成一条新的后代染色体。否则,将再次执行变异算子,直到子代可行。最后,本书还计算了所有父代和子代染色体的目标值,并选择 N 个染色体作为新的子代群体。

第7章　基于双层规划的城市多模式网络活动承载力建模

变异操作的一般过程总结如下：
(1) 初始化变异概率 p_m。
(2) 从 $(0,1)$ 中生成一个随机数 h。
(3) 如果 $h < p_m$，选择染色体 n 参与变异。
(4) 通过上述的变异操作获得 N 个新染色体。
(5) 计算可行染色体的目标值，并选择 N 个染色体作为精英群体。

步骤6：模拟退火操作。模拟退火算法具有较强的局部搜索能力。它在迭代过程中以一定的概率接受次优解，并通过多个循环找到更好的解。这种机制可以避免算法陷入局部最优。模拟退火操作的具体过程如下：

(1) 当前温度等于初始温度。
(2) 构造一个新的初始解，并记录最优解。
(3) 根据两点交换操作生成邻域解[111]。
(4) 将新的邻域解与旧的初始解进行比较。如果新的邻域解支配旧的初始解，则用新的邻域解替换旧的初始解。如果旧的初始解支配新的邻域解，则根据 Metropolis 准则确定的接受概率 p_a 接受新的邻域解。Metropolis 准则如下：

$$p_a = \begin{cases} 1 & x_{\text{curr}} < x_{\text{new}} \\ \exp\left(-\dfrac{x_{\text{curr}} - x_{\text{new}}}{T_{\text{now}}}\right) & x_{\text{cur}} \geq x_{\text{new}} \end{cases} \tag{7-59}$$

(5) 更新全局最优解。
(6) 如果未达到最大循环数，则重复 GA 的选择、交叉和变异操作。
(7) 如果当前温度 T_{now} 大于终止温度 T_{end}，则根据冷却系数降低温度，并在新温度下开始迭代循环。
(8) 若当前温度 T_{now} 小于或等于终止温度 T_{end}，输出最优解。

该 ASAGA 的流程如图7.7所示。

由于下层模型与第7.2节所述静态及动态活动网络均衡模型相同，因此求解下层模型的算法此处不予赘述。有关所建立的网络设计模型及算法的应用，可见第7.5节算例分析部分。

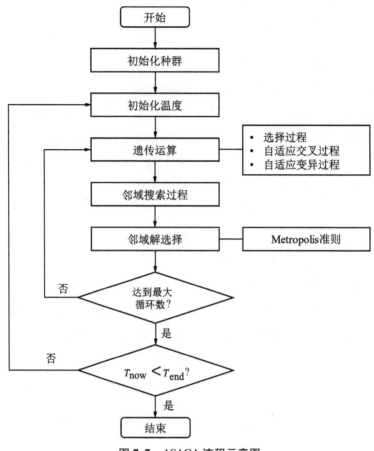

图 7.7 ASAGA 流程示意图

7.5 实证案例

本节构建多模式活动出行算例网络,对于参数进行设定,分别求解算例网络的静态活动承载力、动态活动承载力并设定相关场景进行分析,分析网络活动承载力的变化情况。最后对该算例网络进行基于活动承载力的设计模型求解,并对结果进行分析。

7.5.1 算例网络

为了验证多模式网络活动承载力模型及网络设计模型的效果,首先构建多模

第7章 基于双层规划的城市多模式网络活动承载力建模

式活动出行算例网络。

1) 多模式活动出行算例网络构建

所采用的算例基础交通网络如图 7.8 所示。网络中有 6 个节点,其中包含居住地、购物场所、工作场所以及休闲场所各一处,出行者可以进行购物、工作以及休闲活动。网络中包含三种交通路段,即道路路段、公交路段以及地铁路段,公交与地铁两种交通方式可以相互换乘。出行者在单日活动计划过程中可以进行组合活动并使用组合交通方式出行。在该网络中出行者的活动组成种类有 8 种,分别为 {居家},{购物},{工作},{休闲},{购物,工作},{购物,休闲},{工作,休闲},{购物,工作,休闲},分别将其编号为 $b_1,b_2,b_3,b_4,b_5,b_6,b_7,b_8$。

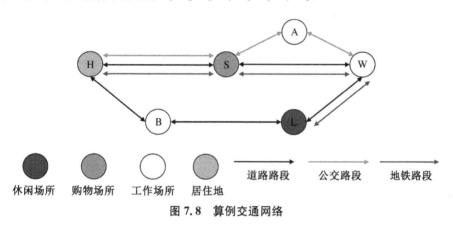

图 7.8 算例交通网络

基于此基础交通网络,需要增加其活动路段,并对其交通子模式路网进行拆分,增加进入网络、离开网络以及网络间的转换路段,从而建立多模式活动出行算例网络,如图 7.9 所示。

在所建立的多模式活动出行算例网络中,共包含 48 条路段。其中路段 1—10 为道路路段;路段 11—16 为公交路段;路段 17—22 为地铁路段;路段 23—38 为表示活动进行的活动路段;路段 39—48 为转换路段,表示出行者进出不同模式的路网与路网间的换乘过程。通过对不同类型的路段进行组合,可以获得出行者的活动出行路径,从而表示出行者的组合活动出行与组合交通方式出行行为,而在其中添加时间维度则可以获得时空出行路径,从而模拟在动态网络中的活动出行行为。

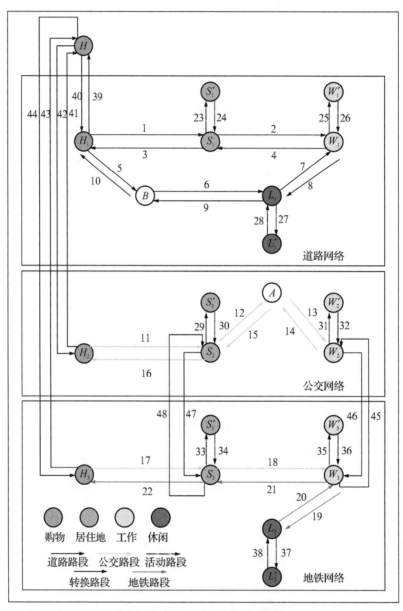

图 7.9 多模式活动出行算例网络

2) 网络参数设定

在网络路段属性设置过程中,对于两个节点间的双向两个路段,本章设定其属性一致。首先对道路路段的属性进行设置。在所建立的多模式活动出行算例网络

第7章 基于双层规划的城市多模式网络活动承载力建模

中,道路路段1—4设为城市主干道,道路路段5—10则为城市快速路。对道路路段的属性设置如表7.1所示。

表7.1 道路路段属性设置

路段号	自由流通行时间/min	静态网络通行能力/(pcu/d)	动态网络通行能力/(pcu/min)
1,3	10	1 800	50
2,4	30	1 800	50
7,8	15	2 200	60
6,9	20	2 200	60
5,10	15	2 200	60

此处分别列出了路段每日通行能力与分钟通行能力,其分别应用于静态与动态网络承载力模型求解中。

案例网络中的公共交通包含公交与地铁两种模式,其中公交与地铁都包含一条线路,线路设为环线,居住地既为始发站也为终点站。公交路段为11—16,发车频率初始设为15 min一个班次,本书设定公交行驶在公交专用道上,不受道路车流影响,线路行驶时间固定。地铁路段为17—22,发车频率也设置为15 min一个班次。公共交通路段票价按路段里程长度设置。则公共交通路段的属性设置如表7.2所示。

表7.2 公共交通路段属性设置

路段号	交通模式	发车频率/(次/h)	静态网络通行能力/(人/d)	通行时间/min	单班次容量/人	票价/元
11,16	公交	4	1 200	20	310	2
12,15	公交	4	1 200	20	310	2
13,14	公交	4	1 200	20	310	2
17,22	地铁	4	4 200	15	750	3
18,21	地铁	4	4 200	30	750	5
20,19	地铁	4	4 200	15	750	3

其中,静态网络采用固定路段容量,单班次容量为每次发车所能承载的最大出行者人数,可用于动态网络中公共交通路段某时间段最大流入流量限制。

对于多模式活动出行算例网络中的转换路段,其包括从居住地进出各模式路网与模式间换乘的步行时间,以及静态网络中等待公交地铁班次到来过程中产生的平均等待时间,采用小汽车模式出行时其等待时间为 0 min。转换路段属性设置如表 7.3 所示。

表 7.3 转换路段属性设置

路段号	网络转换模式	步行时间/min	平均等待时间/min	通行时间/min
39,40	小汽车	6	—	6
41,42	公交	8	5	13
43,44	地铁	10	5	15
47,48	公交—地铁	2	8	10
45,46	公交—地铁	2	8	10

需要说明的是,平均等待时间仅适用于在静态网络中模拟出行者等待公共交通班次到达的行为,在动态网络中,等待时间取决于到达公共交通路段的时间段,由下层动态网络均衡模型决定。

对于活动路段,其容量不取决于单独的某一条路段,而设置为路段对应的活动场所容量。活动场所基础容量为其对应的活动路段流量的和,活动场所极限容量等于其基础容量乘放大系数 γ_2,本书设置为 1.5。除此以外,还需对其理想活动时间、开放时间进行设定。活动场所属性设置如表 7.4 所示。

表 7.4 活动场所属性设置

活动	原网络中对应节点号	包含活动路段编号	基础容量/(人/d)	极限容量/(人/d)	同时间段基础容量/人	同时间段极限容量/人	理想活动时间/min	开放时间
购物	S	23,24,29,30,33,34	1 800	2 700	1 500	2 250	60	9:00—21:00
工作	W	25,26,31,32,35,36	2 200	3 300	1 800	2 700	420	9:00—19:00
休闲	L	27,28,37,38	1 800	2 700	1 500	2 250	80	9:00—20:00

需要说明的是,对活动路段流量求和以获取活动场所基础流量的过程中,仅需考虑由活动场所交通节点通向活动场所虚拟节点的单向路段上的流量,其反向路

第7章 基于双层规划的城市多模式网络活动承载力建模

段仅表示进行完活动返回交通路网的行为,仅用以表示连接关系,不设出行费用。其中同时间段活动场所容量用以表示动态网络中某时间段活动场所所能容纳的同时进行活动的最大人数。

对于该算例中的其余参数,其设置如表7.5所示。

表7.5 算例路网参数设置

参数	含义	设值	备注
$u_{l_a}^*$	理想活动效用	10	工作
$u_{l_a}^*$	理想活动效用	3	购物
$u_{l_a}^*$	理想活动效用	5	休闲
η_1	活动负效用系数	1	工作,购物,休闲
η_5	未完成活动惩罚负效用系数	5	工作,购物,休闲
F_{l_a}	静态网络活动负效用系数	-16.2445	工作
F_{l_a}	静态网络活动负效用系数	-18.2934	购物
F_{l_a}	静态网络活动负效用系数	-18.3739	休闲
γ_2	活动场所极限容量放大系数	1.5	工作,购物,休闲
δ_1	活动负效用系数	1	工作,购物,休闲
δ_2	活动负效用系数	1	工作,购物
δ_2	活动负效用系数	0.5	休闲
η_2	通行时间费用负效用参数	0.4	
η_3	货币费用负效用参数	0.6	
η_4	等待时间费用负效用参数	0.8	
δ_3	静态网络道路 BPR 函数参数	0.15	
δ_4	静态网络道路 BPR 函数参数	0.4	
δ_5	公共交通拥挤感知参数	0.15	
δ_6	公共交通拥挤感知参数	1	
ϑ	公共交通拥挤感知最低乘客比例	0.4	
γ_1	EV 行驶特性差异性系数	0.8	
g_1	GV 能耗参数	0.46 元/min	
g_2	GV 能耗参数	1.932 元/min	

续表

参数	含义	设值	备注
e_1	EV 能耗参数	0.057 5 元/min	
e_2	EV 能耗参数	0.345 元/min	
δ'_3	动态网络道路通行时间参数	0.2	
δ'_4	动态网络道路通行时间参数	1	
Δ	动态网络单位时间段长度	5 min	

在本算例中,居住地 H 有居民 3 000 人,初始电动汽车用户的比例设为 0.3,动态网络定义研究的时间范围是 8:00 至 21:00,共 13 个小时,设定所有的道路路段全天开放,公交与地铁的首班车设为 8:00,末班车为 19:00。

7.5.2 静态网络活动承载力分析

基于以往研究构建的静态网络活动承载力模型,当给定上文所示参数时,其活动承载力计算结果为 6 996 次/d,平均单人日活动次数为 2.3 次。图 7.10 所示为使用遗传算法求解的迭代过程。

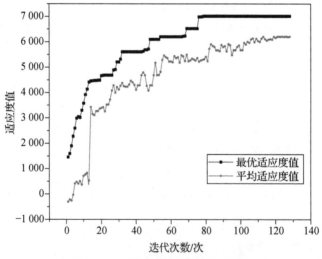

图 7.10 静态网络活动承载力迭代过程

图中包含两条曲线,分别为最优适应度值以及平均适应度值曲线,整体求解过程经过 128 次迭代终止,此时新生成族群的适应度排名前 5 的个体适应度值未发生大的变化。由于求解问题是一个带约束的优化问题,其适应度值为活动承载力值减去违反约束的惩罚项,因而在图中出现了初始适应度值为负数的情况,并且迭

第7章 基于双层规划的城市多模式网络活动承载力建模

代初期平均适应度值波动较大,随着后期适应度值达到最佳状态,其曲线亦趋向平稳。当迭代停止时可以得到不同活动组成的出行者比例,需要说明的是,由于并没有研究证明 EV 用户与 GV 用户在出行活动选择上存在差异性,因此本案例假定同一活动组成种类在两类用户中比例相同,则依据 7.5.1 节对活动组成的编号,模型求解结果如表 7.6 所示。

表 7.6 静态网络活动组成比例

活动组成编号	比例	包含活动	人数/人
b_1	0.01	—	29
b_2	0.09	购物	272
b_3	0.08	工作	243
b_4	0.02	休闲	63
b_5	0.12	购物,工作	359
b_6	0.09	购物,休闲	266
b_7	0.08	工作,休闲	237
b_8	0.51	购物,工作,休闲	1 531

依据承载力计算结果可以得到图 7.11 活动组成比例图,由图中可见,该网络可以支持 51.0% 的居民日内完成三次活动出行,28.7% 的居民完成两次活动,19.3% 的居民完成单活动出行。而在出行者进行的活动中工作活动所占比例达到了 38.6%,休闲活动为 31.6%,略多于购物活动的 29.4%。

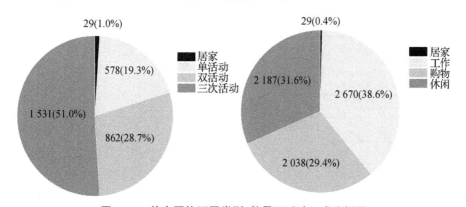

图 7.11 静态网络不同类型、数量下活动组成比例图

由给定的出行活动组成比例,可以获得交通路段流量、活动路段流量以及转换路段流量,其结果如表 7.7 所示。

表 7.7 算例网络流量分布

路段号	1	2	3	4	5	6	7
流量/人	1 698	1 548	1 231	1 012	806	806	452
路段号	8	9	10	11	12	13	14
流量/人	414	835	835	862	784	784	856
路段号	15	16	17	18	19	20	21
流量/人	856	917	675	612	689	689	706
路段号	22	23	25	27	29	31	33
流量/人	688	532	631	1 145	1 002	892	504
路段号	35	37	39	40	41	42	43
流量/人	1 148	1 042	2 623	2 623	917	862	688
路段号	44	45	46	47	48		
流量/人	634	182	101	134	81		

其中路段 1—10 为道路路段，路段 11—16 为公交路段，路段 17—22 为地铁路段，路段 23—38 为表示活动进行的活动路段，路段 39—48 为转换路段。基于以上流量分布，可以获得不同路段的荷载情况，此处使用饱和度即路段流量与路段容量之间的比值表示路段的运行状态。由于本书对活动场所也设定了容量限制，因此设定活动场所饱和度为活动场所出行者人数与活动场所极限容量的比值。对案例路网饱和度的表达如图 7.12 所示。

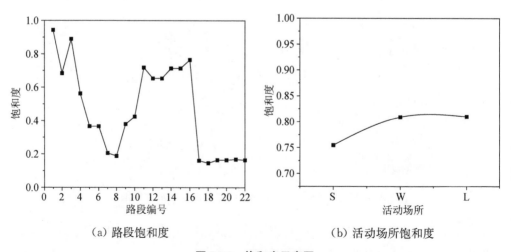

(a) 路段饱和度　　　　　(b) 活动场所饱和度

图 7.12　饱和度示意图

第7章 基于双层规划的城市多模式网络活动承载力建模

如图7.12所示,图(a)为交通路段1—22的饱和度结果。由图中可见,相比铁路段,道路路段与公交路段的饱和度更高。道路路段1、3的饱和度达到了0.9以上,公交11、13、14、16饱和度皆高于0.7,这或许是公交路段相对较低的容量以及其较为低廉的出行成本导致的。地铁路段17—22的饱和度普遍低于0.2。图(b)表示活动场所的三个节点的饱和度。由图中可以看出,工作场所饱和度最大达到0.81,购物场所与休闲场所的饱和度为0.75至0.8之间,皆存在较大的增长空间。

饱和度运算结果表明,部分道路路段饱和度较高,而地铁模式使用率较低,限制了出行者进行更多活动的可能,因此可以尝试通过对地铁票价打折的方式提高地铁利用率以减轻道路路段的压力。实验结果如图7.13所示。

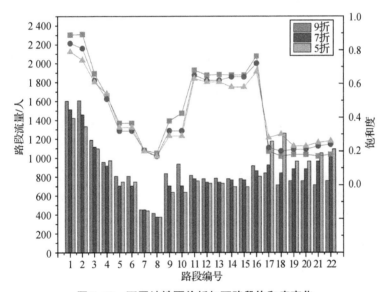

图7.13 不同地铁票价折扣下路段饱和度变化

在图7.13中对地铁票价采取三种不同力度的折扣,分别为9折、7折与5折。由图中可以发现,随着折扣力度的加大,地铁路段17—22的利用率显著上升,而之前原价场景中饱和度较高的道路路段1、3的交通负载都得到了减轻,降到了0.8以下。与此同时,原来饱和度较高的公交路段客流也部分分散至地铁网络中,说明对地铁乘客的优惠政策也可以提高原来交通系统中公交出行乘客的舒适性。而除了可以引导客流在交通系统中更为合理地分布,地铁出行费用的补贴还有利于促使居民出行,带来更大的活动承载力。

对于所设定的三种地铁折扣的场景,本案例分别进行了静态网络中的活动承载力计算,结果如图 7.14 所示。

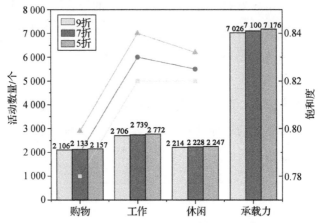

图 7.14 不同地铁票价折扣下活动数量及承载力变化

在图 7.14 中,通过给予地铁票价补贴,可以明显提升出行者进行活动的意愿,各类活动进行皆有所增长,网络总体活动承载力也获得显著提升。

本书出行者包含电动汽车用户以及燃油汽车用户,设定电动汽车的异质性系数 γ_1 以表示其相比燃油汽车更良好的行驶特性以及其对交通拥堵较弱的诱导性,换言之,电动汽车比燃油汽车占用更少的道路资源。在上文的案例分析中,设定电动汽车的保有率 r 为 30%,事实上网络中不同电动汽车的比例将会引起不同的交通分布形式,因此在该案例中本书分析了对 γ_1 和 r 取值不同时网络活动承载力的计算结果。对 γ_1 的取值范围是[0.3,1],间隔为 0.1,对 r 的取值范围是[0,1],间隔为 0.2。

在图 7.15 中显示,随着 γ_1 的减小与电动汽车比例 r 的增加,网络活动承载力也在逐步上升,究其原因,是更小的 γ_1 代表着更为先进的电动汽车技术,更大的 r 即意味着性能更优越的电动汽车占据交通主导,这两者都有利于充分利用现有的道路路段的资源,换言之,其等价于对道路路段容量的扩大,而这将从另一方面放宽对出行者活动出行的限制。因而,对电动汽车技术的推广从活动层面上同样有利于实现网络性能的最大化利用。

第7章 基于双层规划的城市多模式网络活动承载力建模

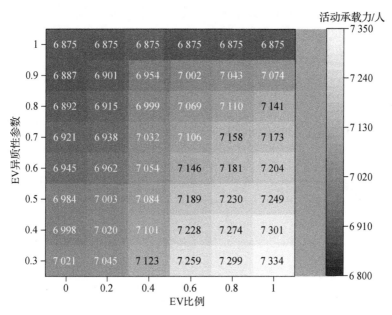

图7.15 不同电动汽车参数下活动承载力变化

7.5.3 动态网络活动承载力分析

接下来基于动态网络活动承载力模型,以设定的动态网络参数对该动态案例网络的活动承载力进行求解,求解结果为5 987次/d,人均单日活动次数约为1.9次/d,使用PGA,则其迭代过程如图7.16所示。

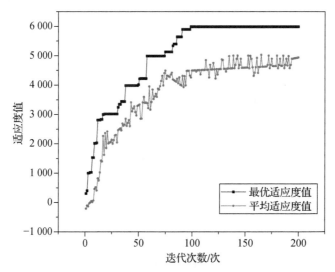

图7.16 动态网络活动承载力迭代过程

如图 7.16 所示,在迭代次数达到 200 次时,达到最大迭代次数要求,算法终止。相比于静态网络活动承载力的求解过程,动态网络的平均适应度值曲线波动性更加明显,这或许是因为动态网络加入了时间维度,因此其约束条件更为复杂,导致惩罚项对适应度值的影响较大,但是其最优适应度曲线在第 91 次迭代时即可达到最终的最优状态,因此该算法在活动承载力求解过程中依然可以被证明有效。分析求解该案例动态活动承载力得到的各活动组成结果如表 7.8 所示。

表 7.8 动态网络活动组成比例

活动组成编号	比例	包含活动	人数/人
b_1	0.17	—	507
b_2	0.03	购物	86
b_3	0.09	工作	273
b_4	0.02	休闲	63
b_5	0.09	购物,工作	271
b_6	0.05	购物,休闲	157
b_7	0.08	工作,休闲	233
b_8	0.47	购物,工作,休闲	1 414

如表 7.8 及图 7.17 所示,在动态算例网络中,有 47.1% 的出行者选择了三次活动出行,单活动与双活动出行的比例分别为 14.0% 和 22.0%,不同于静态网络计算结果,动态网络中有更多的居民选择居家不出行(16.9%),这可能与动态网络中流量加载过程有关,有关路径以及路段的时变流量将在下文进行分析。在所有出行者进行的活动中,工作活动占比最高,达到了 33.7%,购物活动与休闲活动所占比例接近,分别为 29.7% 和 28.8%。

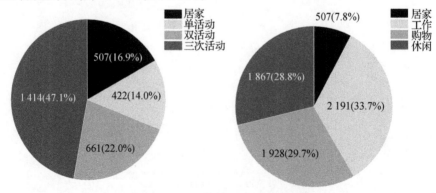

图 7.17 动态网络活动组成比例图

第7章 基于双层规划的城市多模式网络活动承载力建模

由动态活动承载力求解结果可以获取路段的时变流量,本案例中采用离散时间段的形式统计路段流入流量,设置单位时间段长度 Δ 为 5 min,即统计每 5 min 路段区间内的流入交通量,为展示清晰,在图 7.18 中依据道路、公交、地铁三种模式列出了一部分高峰流量较大的路段的日内流量分布情况。如图 7.18 所示,三种模式皆呈现出明显的高峰与平峰的流量时变分布,流量多集中于早高峰与晚高峰时间段,在 8:00 至 10:00 间与 18:00 至 20:00 间路段流量较大,其余时间段流量较小,路段饱和度低。该特征在地铁与公交模式中体现在位于高峰时间段发车的班次上座率较高,而位于非高峰时间段的乘客很少,甚至空车的现象也有发生。

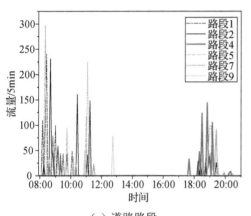

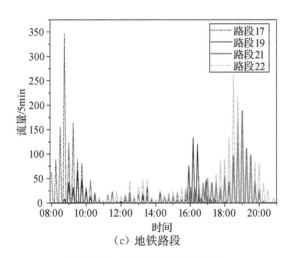

图 7.18 动态网络路段流量图

除了交通路段的流量分布，不同时间段居民进行活动的分布情况如图 7.19 所示。

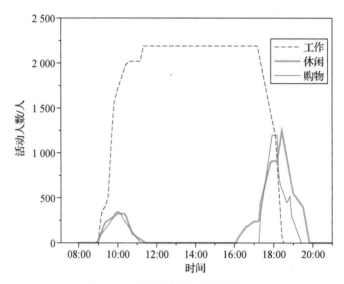

图 7.19　不同时间段活动场所人数

图 7.19 中显示出行者进行活动的高峰期处于 10:00 至 18:00 之间，此间少数日内无工作活动的出行者会选择迟于早高峰的时间段进行购物与休闲活动，大多数出行者在此期间进行工作活动。在 17:30 以后，随着工作活动的结束，具备组合活动出行组成的人会在回家前进行休闲与购物活动，而在 20:00 以后，由于活动场所大多皆已经关闭，此时出行者进入交通路段开始返程。

为便于展示，在表 7.9 中展示了包含不同交通模式的路段和活动场所的高峰流量以及对应的饱和度。

表 7.9　路段及活动场所高峰流量和饱和度

交通路段							
路段编号	交通模式	高峰流量/人	饱和度	路段编号	交通模式	高峰流量/人	饱和度
1	汽车	241	0.96	12	公交	156	0.50
2	汽车	231	0.92	13	公交	156	0.50
3	汽车	196	0.78	14	公交	245	0.79
4	汽车	145	0.58	15	公交	245	0.79

第7章 基于双层规划的城市多模式网络活动承载力建模

续表

交通路段							
路段编号	交通模式	高峰流量/人	饱和度	路段编号	交通模式	高峰流量/人	饱和度
5	汽车	117	0.39	16	公交	225	0.73
6	汽车	117	0.39	17	地铁	216	0.29
7	汽车	101	0.34	18	地铁	233	0.31
8	汽车	195	0.65	19	地铁	165	0.22
9	汽车	224	0.75	20	地铁	165	0.22
10	汽车	224	0.75	21	地铁	198	0.26
11	公交	238	0.77	22	地铁	249	0.33
活动场所							
节点编号	活动种类	高峰活动人数/人	饱和度	节点编号	活动种类	高峰活动人数/人	饱和度
W	工作	2 191	0.81	S	购物	1 196	0.53
L	休闲	1 134	0.50				

由表7.9可见,道路路段的高峰饱和度较高,路段1与路段2皆超过了0.9,而由图7.18所见,在非高峰时间段,道路路段流量较少,这种流量分布的严重不均衡性极大地制约了网络中出行者进行更多活动的可能,同时也影响居民在出行过程中的体验。而由活动场所高峰活动人数可以看出,由于工作活动持续时间较长,且工作场所开放时间有限,因此居民往往会选择相似的时间段前往工作场所,而结束工作活动的时间也接近,这是造成道路高峰过境车流的重要原因。相比工作场所的高饱和度,购物与休闲场所饱和度皆较低,利用率不足。

近年来得益于远程办公技术的发展,对于工作场所的依赖性大大降低,将部分工作置于居家办公的场景中完成可以缩减居民的工作时长。相关研究表明,更短的工作时长将会提高居民的满意度[112]。除此以外,降低工作场所的工作时间要求,并设置弹性的工作考勤制度,将使出行者的通勤行为更加灵活,拥有更多的通勤时间窗以供选择,进而降低高峰交通系统压力以及高峰时间段的拥堵程度。因而本节在算例网络中设定两类场景,工作理想时长减少为 6.5 h 以及 6 h,并与原定理想工作时长 7 h 进行比较,分析交通系统变化特征。

如图 7.20 所示,当理想工作时长减少后,由于出行者拥有更多的日内时间可以支配,因而交通网络可以支持更大比例的居民进行多活动组成出行,因而活动承载力增长明显。

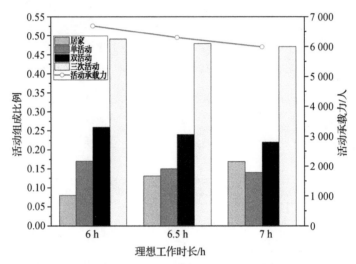

图 7.20　不同理想工作时长情景下活动组成比例及承载力

对理想工作时间的调整,除了对整体网络层面的活动承载力会造成影响,出行者的活动出行行为也将做出改变。基于本章的案例网络,对几条变化较大的活动出行路径在不同时间段的出发流量进行分析,所选取的对象示例活动出行路径如表 7.10 所示。

表 7.10　示例活动出行路径

路径编号	路段组成
1	40—1—23(购物)—24—2—25(工作)—26—7—27(休闲)—28—9—10—39
2	42—11—12—13—31(工作)—14—15—29(购物)—30—16—41
3	44—17—18—35(工作)—36—19—37(休闲)—38—20—21—33(购物)—34—22—43

所选取的三条路径包含汽车、公交、地铁三种模式,活动计划都为包含三种或两种活动的组合出行。三条示例活动出行路径在不同时间段的流入流量如图 7.21 所示。

第7章 基于双层规划的城市多模式网络活动承载力建模

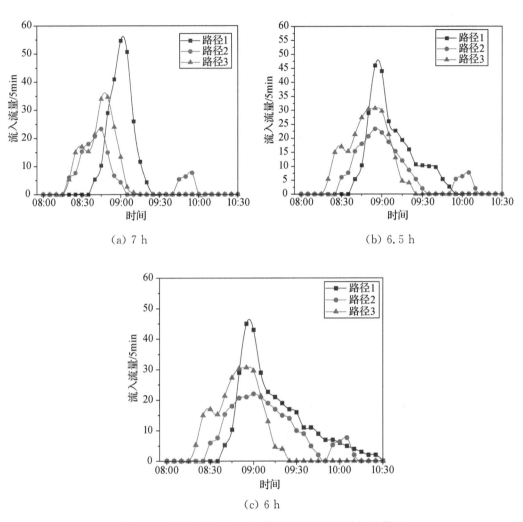

图 7.21 不同理想工作时长情景下示例路径流入流量图

图中的横轴时间窗选取为 8:00 至 10:30,因为所展示的三条活动出行路径的流入流量时间段皆分布在该时间范围内。图中信息显示,随着理想工作时长的减少,包含组合活动的活动出行路径出行者流入流量总体增加,并且呈现出流入时间段更加分散的特点。当理想工作时长设为 7 h 时,此 3 条路径的绝大多数路径流量在 8:30 至 9:30 之间,而在设为 6 h 的情景中,选择该活动出行路径的出行者有较大一部分在 9:30 之后出发,这是因为工作时长的缩减可以使居民灵活调整通勤时间。在图(b)与图(c)中路径 2 的出行者增加明显,这表明工作时间的可灵活调配促使居民重新安排非工作活动,如通勤的时间充裕可以允许出行者安排先进行购物活动再前往工作地点。除此以外,可以观察到路径流入高峰流量值随着工作时间的减少而减少,这将有利于充分利用路段容量资源,从而进行更多的出行活动。

7.5.4 基于活动承载力的网络设计

本节针对 7.3 节所提出的基于活动承载力的网络设计模型在案例网络中进行分析,包含基于活动承载力的静态与动态网络设计研究。

在进行求解前,需要对容量增强的建设费用函数进行定义,本案例将其设定为线性函数。对于 7.4.2 节所定义的道路路段、公共交通路段、活动场所容量扩展的费用函数具体形式如下:

$$g_{l_r}(V_{l_r}) = \alpha(V_{l_r} - V_{l_r}^0), \forall l_r \in L_r \tag{7-60}$$

$$g_{l_{pt}}(f_{l_{pt}}) = \beta(f_{l_{pt}} - f_{l_{pt}}^0), \forall l_{pt} \in L_{pt} \tag{7-61}$$

$$g_A(\bar{V}_A) = \theta(\bar{V}_A - \bar{V}_A^0), \forall A \in N_A \tag{7-62}$$

式(7-60)至式(7-62)分别表示道路路段、公共交通路段与活动场所的容量扩展费用函数。α, β, θ 分别为对应的容量扩展单位费用,其中 β 为公共交通线路发车频次增加的单位费用。其针对静态网络路段容量与动态网络路段容量的取值以及所设定的预算上限 F 如表 7.11 所示。

表 7.11 网络容量扩展参数设定

网络设计参数	静态网络	动态网络	备注
α	3×10^3 元/(pcu·d)	3×10^4 元/(pcu·min)	道路路段
β_1	6×10^5 元/(line·h)	6×10^5 元/(line·h)	公交线路
β_2	8×10^5 元/(line·h)	8×10^5 元/(line·h)	地铁线路
θ	3×10^3 元/(人·d)	5×10^3 元/(人·h)	活动场所
F	8×10^6 元	8×10^6 元	总预算

从实际情况出发,由于对道路以及活动场所的容量扩建一般不会设定为任意值,因此本案例假设静态网络中道路路段容量扩建值 $(V_{l_r} - V_{l_r}^0)$ 设为 100 的整数倍,动态网络道路路段容量扩建值取 10 的整数倍。活动场所容量扩建值 $(\bar{V}_A - \bar{V}_A^0)$ 设为 100 的整数倍。同理对公共交通线路发车频率的增加数量 $(f_{l_{pt}} - f_{l_{pt}}^0)$ 取整数值,静态网络中的公共交通路段容量依据线路频率增加数量同比例增加,案例

第7章 基于双层规划的城市多模式网络活动承载力建模

网络中公交与地铁线路都仅有一条,因此不对其做编号区分。在该案例中,设定设计变量的上限为现有值的 1.5 倍,即 $V_{l_r}^{\max}=1.5V_{l_r}^0$,$\bar{V}_A^{\max}=1.5\bar{V}_A^0$,$f_{l_{pt}}^{\max}=1.5f_{l_{pt}}^0$。

使用所提出的 ASAGA 分别求解基于活动承载力的静态与动态网络设计模型,为了体现 ASAGA 相比于传统遗传算法(GA)的优越性,本书使用两种算法对该模型分别进行求解,以对求解效果进行比较,如图 7.22 所示。其中 N,K,θ,T_u 分别表示种群规模、迭代次数、冷却系数、初始温度。本算例中最大迭代次数 $K_{\max}$ 设置为 250,P_c 为 GA 中的交叉概率,P_m 为 GA 中的变异概率。

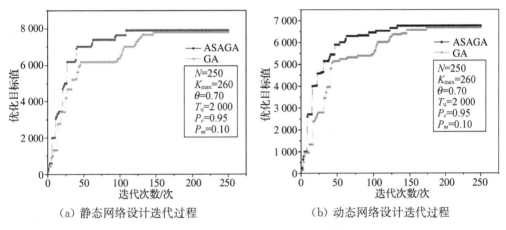

(a) 静态网络设计迭代过程　　(b) 动态网络设计迭代过程

图 7.22　ASAGA 与 GA 的迭代性能

在图 7.22 中,无论是基于静态网络活动承载力的设计模型求解还是基于动态网络活动承载力的设计模型求解,ASAGA 相比于 GA 皆表现出了更高的收敛效率并且最终的优化目标值也更理想。在静态网络设计迭代过程中,相比于 GA 算法经历 147 次迭代达到相对最优目标函数值 7 803 次/d,ASAGA 算法仅需 109 次迭代即可达到收敛,此时对应的目标函数值为 7 911 次/d,显著优于 GA 算法。而在动态网络设计场景中,虽然下层模型求解更为复杂导致其需要更多的迭代次数方能收敛至相对最优值,但 ASAGA 经过 133 次迭代达到的目标函数值 6 759 次/d 依旧明显优于 GA 对应的 175 次迭代达到的 6 687 次/d。综上可见,GA 虽然可以得到相对稳定的结果,但并不是最优越的,ASAGA 在平均目标和处理时间方面具有明显的优势,显示了较好的计算结果。

使用 ASAGA 求解的网络设计最优方案如表 7.12 与表 7.13 所示,表 7.12 为静态网络设计结果,表 7.13 为动态网络设计结果。

表 7.12 基于活动承载力的静态网络设计结果

设计对象	设计方案	建设增加值	类型	建设资金
路段 1	2 200 pcu/d	400 pcu/d	道路路段	1.2×10^6 元
路段 2	2 000 pcu/d	300 pcu/d	道路路段	9×10^5 元
路段 3	2 100 pcu/d	300 pcu/d	道路路段	9×10^5 元
路段 4	1 900 pcu/d	100 pcu/d	道路路段	3×10^5 元
路段 5	2 300 pcu/d	100 pcu/d	道路路段	3×10^5 元
路段 6	2 300 pcu/d	100 pcu/d	道路路段	3×10^5 元
路段 7	2 200 pcu/d	0	道路路段	0
路段 8	2 200 pcu/d	0	道路路段	0
路段 9	2 300 pcu/d	100 pcu/d	道路路段	3×10^5 元
路段 10	2 300 pcu/d	100 pcu/d	道路路段	3×10^5 元
公交线路	7 次/h	1 次/h	公共交通	6×10^5 元
地铁线路	6 次/h	0	公共交通	0
节点 W	3 900 人/d	600 人/d	工作场所	1.8×10^6 元
节点 S	2 900 人/d	200 人/d	购物场所	6×10^5 元
节点 L	2 800 人/d	100 人/d	休闲场所	3×10^5 元

表 7.12 中静态网络设计方案总计建设花费为 7.8×10^6 元,满足预算约束条件,此时活动承载力为 7 911 人。由表中信息可见,在静态算例网络中,提高居民出行活动承载能力的网络建设重点为道路路段,尤其是现有饱和度较高的路段。公交模式也需要少量增加其发车频率以满足更多的居民出行需求。由于地铁模式承载客流能力较强,且其设定的扩建成本较高,因而无须投入大量资金进行改造。对于活动场所尤其是工作场所的建设投入可以匹配因交通路段通行能力提升而引起的更多居民出行需求。

第7章 基于双层规划的城市多模式网络活动承载力建模

表7.13 基于活动承载力的动态网络设计结果

设计对象	设计方案	建设增加值	类型	建设资金
路段1	80 pcu/min	30 pcu/min	道路路段	9×10^5 元
路段2	80 pcu/min	30 pcu/min	道路路段	9×10^5 元
路段3	70 pcu/min	20 pcu/min	道路路段	6×10^5 元
路段4	80 pcu/min	30 pcu/min	道路路段	9×10^5 元
路段5	60 pcu/min	0	道路路段	0
路段6	60 pcu/min	0	道路路段	0
路段7	60 pcu/min	0	道路路段	0
路段8	60 pcu/min	0	道路路段	0
路段9	80 pcu/min	20 pcu/min	道路路段	6×10^5 元
路段10	80 pcu/min	20 pcu/min	道路路段	6×10^5 元
公交线路	9次/h	3次/h	公共交通	1.8×10^6 元
地铁线路	6次/h	0	公共交通	0
节点W	3 200人	500人	工作场所	1.5×10^6 元
节点S	2 250人	0	购物场所	0
节点L	2 250人	0	休闲场所	0

表7.13中动态网络设计方案总花费为 7.8×10^6 元,此时活动承载力为6 759人。资金主要用于道路路段1—4的扩建、公交线路的增加以及工作场所的扩建。不同于静态网络设计方案,由于动态网络可以体现高峰出行时间段的流量累积,因此设计方案更多地关注瓶颈路段的扩建。公交线路发车频率增加了3次/h,同样是由于高峰时间段选用公交出行的乘客较多易导致流量溢出。在动态网络设计方案中,活动场所中仅对工作场所进行了扩建,这是因为工作活动持续时间久,同时居民较多,而其余两类活动进行时间段则较为分散。

在图7.23中展示了优化设计后的静态与动态网络的路段及活动场所饱和度情况。

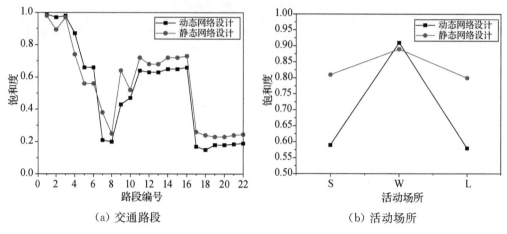

图 7.23 路段及活动场所饱和度示意图

图中显示,静态网络与动态网络的交通路段饱和度表现较为接近,所显示的瓶颈路段类似,并且相比于网络优化设计前的结果,大多路段饱和度皆有提升,反映了道路资源利用率在提高。二者存在的不同是优化设计后动态网络的非瓶颈路段饱和度相比静态网络普遍较低,高饱和度路段数量相比静态网络更多。优化后的动态网络中由于理想工作持续时间较长,因而同一时间段在工作场所的人数较多,导致其活动场所饱和度较大。

图 7.24 展示了在不同预算水平下进行优化设计后得到的静态网络与动态网

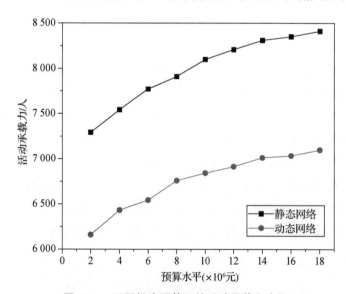

图 7.24 不同投资预算下的活动承载力水平

络活动承载力结果。图中信息显示随着投入资金预算的增加，网络所能承担的活动数量明显增加，并且这一趋势在静态网络中比动态网络更为明显。此外，无论是静态网络还是动态网络，活动结果曲线斜率总体都在随着预算水平的增加而降低，这表明，虽然增加建设投资可以有效扩展网络对出行的承载能力，但是投资的边际效用会逐渐降低。

7.6　本章小结

本章深入研究了动态网络中的活动承载力求解问题。首先介绍了动态多模式活动出行网络中时空路径的表现方式，并建立了在动态活动出行网络中不同类型路段的负效用函数。随后，构建了描述动态活动用户均衡问题的变分不等式模型，作为动态承载力下层模型的基础，并构建了基于动态活动承载力的双层规划模型。这一模型的求解方法包括下层模型的启发式路径流量交换算法和上层模型的并行遗传算法（PGA）。基于该模型，考虑多模式活动出行网络的特点，本章提出了自适应模拟退火遗传算法（ASAGA）以求解静态和动态网络中有关交通路段和活动场所容量的双层规划模型。

其次，本章在算例网络中对本书所提出的模型进行求解。首先建立多模式活动出行算例网络，并对静态网络的活动承载力进行求解，揭示了地铁模式利用率相对较低的情况。同时，深入研究了采取地铁票价折扣政策对静态网络活动承载力的潜在影响，并对 EV 异质性系数与比例进行了敏感性分析。随后，本章关注工作活动引发的高峰时间道路拥堵和工作场所人员过于集中的现象，对动态网络活动承载力进行求解。通过分析不同理想工作时长对交通网络的影响，研究个人出发时间选择行为的变化，以更好地理解动态网络中的交通流动。最后，论述在算例网络中的基于活动承载力的静态网络与动态网络设计方案，比较了静态与动态结果的异同，研究了不同投资预算水平可以带来的活动承载力增益。

第 8 章 总结与展望

8.1 研究总结

在交通需求模型广泛应用的今天,本书逐步讲解了模型构建,以及在交通行为分析中的应用过程,在以下四个方面开展了系统研究:

(1) 针对多源异构的交通出行方式数据,运用分层、聚合与时空地理位置集成等技术,分析了不同方式数据在时空上的分布特征,并完成区间出行的方式阻抗构建。对于手机信令数据,基于层次聚类算法对停留轨迹进行划分,并结合停驻点的时空分布以及访问频率,完成了手机信令数据的人员出行 OD 修复。在此基础上,基于随机森林与规则的方法,为手机信令的数据赋予活动出行语义,构成基本的活动出行链。

(2) 基于模型结构无关的机器学习可解释方法,对各个基于机器学习的模型进行解释:从特征重要度整体把握特征变量对模型输出决策的影响。部分依赖图聚焦单个特征变化对模型在样本总体上预测结果的平均影响;而个体条件期望图显示特征变化对样本所有个体的预测结果的影响;基于 Shapley 值,可以从个体层面看到各个特征对个体预测结果的作用力,也能从总体上把握不同特征对预测结果的影响,并通过特征交互图分析不同特征间的相互影响。基于深度神经网络的模型结构,计算深度神经网络中的经济信息,从选择概率、选择方案、方案替代属性和选择概率与导数等方面对深度神经网络进行解释,表明其结构中蕴含着与离散选择模型相似的经济信息,并在宏观层面对各个模型进行校核与精度评估。

(3) 在基于活动的出行需求预测模型基础上,结合人口生成技术以及多智能体微观模拟仿真技术,提出了上衔人口生成,下接个体仿真的基于活动的出行需求的实际运用模型框架,为 ABM 的实际落地提供保障。在实际运用中,对重庆限号政策进行分析,比较了限号前后出行需求和阻抗的变化情况,以及相关限号路段流

第 8 章 总结与展望

量、出行耗时和延误指数的变化,以体现模型实际运用的效果。

(4) 从活动建模的角度出发,对传统的网络承载力评估方法进行活动层面的拓展,提出了网络活动承载力的概念,并通过算例说明网络活动承载力评估的价值与特征,证明了所提出概念的合理性与优越性,为活动承载力模型构建提供理论支撑。

本书研究内容的创新点与特色主要体现在以下几个方面:

(1) 针对传统四阶段法难以考虑人与人之间、出行与出行之间的相关性,导致缺乏政策敏感、预测准确率低等系列问题,并考虑到现有 ABM 主要依赖小样本的居民出行调查数据,提出了融合多方式数据的基于活动的出行需求预测模型框架,从长期选择层、活动链生成层和单次出行层三个主要层次保证个体活动出行生成的逻辑正确性与完整性。并以手机信令数据重构的出行链样本为主,辅以小样本的问卷调查数据,作为模型的基本数据,以减少对问卷调查数据的依赖。

(2) 针对分别以随机效用理论和机器学习方法为基础的活动建模方法存在的准确性较低与可解释性不佳的问题,提出了基于可解释性机器学习的活动出行建模方法。分别从总体与个体的角度,解释模型特征与输出的关系,直观看到特征对模型结果的影响,并借助深度神经网络的结构相似性,得到其与离散选择类似的经济性可解释信息。

(3) 在实际运用中,借助人口生成技术和多智能体微观仿真技术,构建从人口信息到路段流量的完整的基于活动的出行需求仿真框架,并通过 ABM 与 MATSim 间的迭代寻求需求与供给的平衡,从而实现相关政策对出行需求与出行质量影响的仿真模拟。

(4) 在传统网络承载力建模方法的基础上提出了网络活动承载力的概念及其计算指标,不同于传统的承载力计算指标,在承载力评价过程中融入对活动出行的考虑,并在算例网络中证明了其有效性及相对于传统指标的优越性。

8.2 研究展望

由于作者的研究水平、时间和精力有限,本书中仍然存在一些不足有待深入研究,已有的研究成果有待进一步挖掘,以便有更为广阔的应用前景。在未来的研究工作中,将重点在以下几个方面展开研究:

(1) 为了捕捉活动出行选择间的相关性,在进行优先级较低的活动相关决策时，往往会将优先级较高的活动属性作为训练特征，而这也导致模型仿真过程中存在误差累积的问题。在本书中是通过宏观调控层的参数标定修正部分模型的偏差，以减弱误差累积带来的整体影响。但此类误差是由本书 ABM 结构本身引起的，在后续工作中可以借鉴动态离散选择或者循环神经网络的模型结构，将多个层次中的不同子模型纳入一个统一模型结构，进行多个模型参数的整体估计。

（2）在书中对机器学习模型的解释主要是基于模型结构无关的方法，以及部分 DNN 模型从结构上进行了部分类似多项 Logit 模型的可解释性说明，但并不能像传统离散选择模型从参数层面体现模型的可解释性。因此在后续研究中，可以考虑如 Sifringer 等[113]与 Melvin Wong 等人[114]的做法，使得模型本身的参数具有和离散选择模型同样的可解释性。

（3）在书中虽然是基于多方式数据得到个人以及土地利用和方式阻抗等多种属性特征，但模型可以利用的特征变量相比于机器学习在其他领域所用到的特征数量仍然是较少的，其他诸如费用、等车时间、步行距离等特征在本书中仍然是缺少的。在后续研究中如能从其他数据中获取更多的相关特征，除了提升模型的预测精度，还能提供更多的可解释性信息，例如驾驶费用与时间的导数可以作为时间价值系数，通过时间价值系数区分异质性群体。

（4）本书虽是基于活动的出行需求建模，但由于硬件设备条件有限，在诸如地点的选择以及距离特征计算中仍然是以交通小区为最小分析单元，未能采取颗粒度更细致的地块作为最小分析单元。在后续研究中可以采取更小的分析单元，以提高模型的精度。同时，本书是以个体为活动出行的基本分析单元，没有考虑家庭成员之间的活动安排的相关性，缺乏家庭成员常见的联合出行。在后续研究中，可以增加家庭联合出行模块，将成员之间的选择影响机制纳入考量范围。

（5）在网络活动承载力计算过程中，本书仅仅基于用户网络均衡原则展开，这一原则假定出行者可以完全获知各路径的出行负效用，而并没有考虑实际情况中出行者对于出行效用的认知偏差，未来可以从网络随机用户均衡的角度展开，考虑更为细致的路径选择过程。

参考文献

[1] 吴子啸. 基于手机数据的出行链推演算法[J]. 城市交通, 2019, 17(3): 11-18, 83.

[2] KIM E J, KIM D K, SOHN K. Imputing qualitative attributes for trip chains extracted from smart card data using a conditional generative adversarial network[J]. Transportation Research Part C: Emerging Technologies, 2022, 137: 103616.

[3] RASOULI S, TIMMERMANS H. Activity-based models of travel demand: promises, progress and prospects[J]. International Journal of Urban Sciences, 2014, 18(1): 31-60.

[4] CHAPIN F S, HIGHTOWER H C. Household activity patterns and land use[J]. Journal of the American Institute of Planners, 1965, 31(3): 222-231.

[5] JONES P M, DIX M C, CLARKE M I. et al. Under standing travel behavior[M]. Surrey: Cower Publishing Company Ltd., 1983.

[6] 余世英, 郑猛, 向燕陵, 等. 基于集计出行链的城市交通模型架构研究[J]. 城市交通, 2021, 19(6): 91-101, 124.

[7] 隽志才, 李志瑶, 宗芳. 基于活动链的出行需求预测方法综述[J]. 公路交通科技, 2005, 22(6): 108-113.

[8] 张弘弢. 基于活动方法的个体出行行为分析与出行需求预测模型系统研究[D]. 南京: 南京师范大学, 2011.

[9] BOWMAN J L, BEN-AKIVA M E. Activity-based disaggregate travel demand model system with activity schedules[J]. Transportation Research Part A: Policy and Practice, 2001, 35(1): 1-28.

[10] BHAT C R, GUO J Y, SRINIVASAN S, et al. Comprehensive econometric microsimulator for daily activity-travel patterns[J]. Transportation Research Record, 2004, 1894(1): 57-66.

[11] MOLNAR C. Interpretable machine learning[M]. Lulu. com, 2020.

[12] 李家宁, 熊睿彬, 兰艳艳, 等. 因果机器学习的前沿进展综述[J]. 计算机研究与发展, 2023, 60(1): 59-84.

[13] MILLER T. Explanation in artificial intelligence: Insights from the social sciences[J].

Artificial intelligence, 2019, 267: 1-38.

[14] LIPTON Z C. The mythos of model interpretability: In machine learning, the concept of interpretability is both important and slippery[J]. Queue, 2018, 16(3): 31-57.

[15] VON NEUMANN J. A certain zero-sum two-person game equivalent to the optimal assignment problem[J]. Contributions to the Theory of Games, 1953, 2: 5-12.

[16] ZHAO Q Y, HASTIE T. Causal interpretations of black-box models[J]. Journal of Business & Economic Statistics, 2021, 39(1): 272-281.

[17] SIFRINGER B, LURKIN V, ALAHI A. Sifringer B, Lurkin V, Alahi A. Enhancing discrete choice models with representation learning[J]. Transportation Research Part B: Methodological, 2020, 140: 236-261.

[18] WANG S H, WANG Q Y, ZHAO J H. Deep neural networks for choice analysis: Extracting complete economic information for interpretation[J]. Transportation Research Part C: Emerging Technologies, 2020, 118: 102701.

[19] BREIMAN L. Random forests[J]. Machine Learning, 2001, 45: 5-32.

[20] DIAL R B. A probabilistic multipath traffic assignment model with obviates path enumeration[J]. Tronsportation Research, 1971, 5(2): 83-111.

[21] PRATO C G. Route choice modeling: past, present and future research directions[J]. Journal of choice modelling, 2009, 2(1): 65-100.

[22] HEBSHER D A. Future bus transport contracts under a mobility as a service (MaaS) regime in the digital age: Are they likely to change?[J]. Transportation Research Part A: Policy and Practice, 2017, 98: 86-96.

[23] JITTRAPIROM P, CAIATI V, FENERI A M, et al. Mobility as a service: A critical review of definitions, assessments of schemes, and key challenges[J]. Urban Planning, 2017, 2(2): 13-25.

[24] LI D W, MIWA T, MORIKAWA T, et al. Incorporating observed and unobserved heterogeneity in route choice analysis with sampled choice sets[J]. Transportation Research Part C: Emerging Technologies, 2016, 67: 31-46.

[25] LI D W, MIWA T, XU C, et al. Non-linear fixed and multi-level random effects of origin-destination specific attributes on route choice behaviour[J]. IET Intelligent Transport Systems, 2019, 13(4): 654-660.

[26] LI D, MIWA T, MORIKAWA T. Dynamic route choice behavior analysis considering en route learning and choices[J]. Transportation research record, 2013, 2383(1): 1-9.

[27] MORIKAWA T, MIWA T. Preliminary analysis on dynamic route choice behavior: Using

probe-vehicle data[J]. Journal of advanced transportation, 2006, 40(2): 140-163.

[28] QIN G Y, HUANG Z H, XIANG Y, et al. ProbDetect: A choice probability-based taxi trip anomaly detection model considering traffic variability[J]. Transportation Research Part C: Emerging Technologies, 2019, 98: 221-238.

[29] LAI X J, FU H, LI J, et al. Understanding drivers' route choice behaviours in the urban network with machine learning models[J]. IET Intelligent Transport Systems, 2019, 13(3): 427-434.

[30] KIM J, CORCORAN J, PAPAMANOLIS M. Route choice stickiness of public transport passengers: Measuring habitual bus ridership behaviour using smart card data[J]. Transportation Research Part C: Emerging Technologies, 2017, 83: 146-164.

[31] TAN R, ADNAN M, LEE D H, et al. New path size formulation in path size logit for route choice modeling in public transport networks[J]. Transportation Research Record, 2015, 2538(1): 11-18.

[32] ZIMMERMANN M, MAI T E, FREJINGER E. Bike route choice modeling using GPS data without choice sets of paths[J]. Transportation research part C: emerging technologies, 2017, 75: 183-196.

[33] GHANAYIM M, BEKHOR S. Modelling bicycle route choice using data from a GPS-assisted household survey[J]. European Journal of Transport and Infrastructure Research, 2018, 18(2): 158-177.

[34] OYAMA Y, HATO E. Link-based measurement model to estimate route choice parameters in urban pedestrian networks[J]. Transportation Research Part C: Emerging Technologies, 2018, 93: 62-78.

[35] LUE G, MILLER E J. Estimating a Toronto pedestrian route choice model using smartphone GPS data[J]. Travel Behaviour and Society, 2019, 14: 34-42.

[36] BEN-AKIVA M, LERMAN S R. Discrete choice analysis: theory and application to travel demand[M]. Cambridge: MIT press, 1985.

[37] CASCETTA E, NUZZOLO A, RUSSO F, et al. A modified logit route choice model overcoming path overlapping problems. Specification and some calibration results for interurban networks[C]//Transportation and Traffic Theory. Proceedings of The 13th International Symposium on Transportation and Traffic Theory, 1996.

[38] BEN-AKIVA M, BIERLAIRE M. Discrete choice methods and their applications to short term travel decisions[M]//Handbook of transportation science. Boston, MA: Springer US, 1999: 5-33.

[39] PRASHKER J N, BEKHOR S. Investigation of stochastic network loading procedures [J]. Transportation Research Record, 1998, 1645(1): 94-102.

[40] VOVSHA P, BEKHOR S. Link-nested logit model of route choice: overcoming route overlapping problem [J]. Transportation research record, 1998, 1645(1): 133-142.

[41] BEKHOR S, PRASHKER J N. Stochastic user equilibrium formulation for generalized nested logit model [J]. Transportation Research Record, 2001, 1752(1): 84-90.

[42] YAI T, IWAKURA S, MORICHI S. Multinomial probit with structured covariance for route choice behavior [J]. Transportation Research Part B: Methodological, 1997, 31(3): 195-207.

[43] BEKHOR S, BEN-AKIVA M E, RAMMING M S. Adaptation of logit kernel to route choice situation [J]. Transportation Research Record, 2002, 1805(1): 78-85.

[44] KITTHAMKESORN S, CHEN A. Alternate weibit-based model for assessing green transport systems with combined mode and route travel choices [J]. Transportation Research Part B: Methodological, 2017, 103: 291-310.

[45] ABDULAAL M, LEBLANC L J. Methods for combining modal split and equilibrium assignment models [J]. Transportation Science, 1979, 13(4): 292-314.

[46] HUANG H J, LAM W H K. A stochastic model for combined activity/destination/route choice problems [J]. Annals of Operations Research, 2005, 135: 111-125.

[47] KITTHAMKESORN S, CHEN A, XU X D. Elastic demand with weibit stochastic user equilibrium flows and application in a motorised and non-motorised network [J]. Transportmetrica A: Transport Science, 2015, 11(2): 158-185.

[48] KITTHAMKESORN S, CHEN A, XU X D, et al. Modeling mode and route similarities in network equilibrium problem with go-green modes [J]. Networks and Spatial Economics, 2016, 16(1): 33-60.

[49] LIU Z Y, CHEN X Y, MENG Q, et al. Remote park-and-ride network equilibrium model and its applications [J]. Transportation Research Part B: Methodological, 2018, 117: 37-62.

[50] YANG C, CHEN A, XU X D. Improved partial linearization algorithm for solving the combined travel-destination-mode-route choice problem [J]. Journal of Urban Planning and Development, 2013, 139(1): 22-32.

[51] LIU Z Y, MENG Q. Bus-based park-and-ride system: a stochastic model on multimodal network with congestion pricing schemes [J]. International Journal of Systems Science, 2014, 45(5): 994-1006.

[52] ARENTZE T, TIMMERMANS H. Multistate supernetwork approach to modelling multi-activity, multimodal trip chains[J]. International Journal of Geographical Information Science, 2004, 18(7): 631-651.

[53] FU X, LAM W H K, Chen B Y. A reliability-based traffic assignment model for multimodal transport network under demand uncertainty [J]. Journal of Advanced Transportation, 2014, 48(1): 66-85.

[54] FU X, LAM W H K. Modelling joint activity-travel pattern scheduling problem in multimodal transit networks[J]. Transportation, 2018, 45(1): 23-49.

[55] LIAO F X, ARENTZE T, MOLIN E, et al. Effects of land-use transport scenarios on travel patterns: a multi-state supernetwork application[J]. Transportation, 2017, 44(1): 1-25.

[56] LIAO F X. Modeling duration choice in space-time multi-state supernetworks for individual activity-travel scheduling [J]. Transportation Research Part C: Emerging Technologies, 2016, 69: 16-35.

[57] BOVY P H L, HOOGENDOORN-LANSER S. Modelling route choicebehaviour in multimodal transport networks [J]. Transportation, 2005, 32: 341-368.

[58] HOOGENDOORN-LANSER S, BOVY P. Modeling overlap in multimodal route choice by including trip part-specific path size factors [J]. Transportation Research Record, 2007, 2003(1): 74-83.

[59] HOOGENDOORN-LANSER S, VAN NES R. Multimodal choice set composition: Analysis of reported and generated choice sets [J]. Transportation research record, 2004, 1898(1): 79-86.

[60] HOOGENDOORN-LANSER S, VANNES R, BOVY P. Path size modeling in multimodal route choice analysis[J]. Transportation research record, 2005, 1921(1): 27-34.

[61] ANDERSON M K, NIELSEN O A, PRATO C G. Multimodal route choice models of public transport passengers in the Greater Copenhagen Area [J]. EURO Journal of Transportation and Logistics, 2017, 6(3): 221-245.

[62] LI D W, JIN C, YANG M, et al. Incorporating multi-level taste heterogeneity in route choice modeling: From disaggregated behavior analysis to aggregated network loading [J]. Travel Behaviour and Society, 2020, 19: 36-44.

[63] MA J, CHENG Y X, LI D W, et al. Route choice modeling with overlapping in supernetworks [J]. Journal of Shenzhen University Science and Engineering, 2019, 36(6):667-673.

[64] HESS S, TRAIN K E. Recovery of inter-and intra-personal heterogeneity using mixed logit models [J]. Transportation Research Part B: Methodological, 2011, 45(7): 973-990.

[65] PAUL B M, DOYLE J, STABLER B, et al. Multi-level Population Synthesis Using Entropy Maximization-Based Simultaneous List Balancing [C]. Transportetion Research Board 97th Annual Meeting, 2018.

[66] VOVSHA P, HICKS J E, PAUL B M, et al. New Features of Population Synthesis [C]. Transportation Research Board 94th Annual Meeting, 2015.

[67] LEE D H, FU Y F. Cross-Entropy Optimization Model for Population Synthesis in Activity-Based Microsimulation Models [J]. Transportation Research Record, 2011, 2255(1): 20-27.

[68] BAR-GERA H, KONDURI K C, SANA B, et al. Estimating Survey Weights with Multiple Constraints Using Entropy Optimization Methods[C]. Transportation Research Board 88th Annual Meeting, 2009.

[69] YE X, KONDURI K C, PENDYALA R M, et al. Methodology to Match Distributions of Both Household and Person Attributes in Generation of Synthetic Populations [C]. Transportation Research Board 88th Annual Meeting, 2009.

[70] 龙建成, 郭嘉琪. 动态交通分配问题研究回顾与展望[J]. 交通运输系统工程与信息, 2021, 21(5): 125-138.

[71] PEETA S, ZILIASKOPOULOS A K. Foundations of Dynamic Traffic Assignment: The Past, the Present and the Future[J]. Networks and Spatial Economics, 2001, 1: 233-265.

[72] BEN-AKIVA M E, GAO S, WEI Z, et al. A dynamic traffic assignment model for highly congested urban network[J]. Transportation Research Part C: Emerging Technologies, 2012, 24: 62-82.

[73] BALMER M, MEISTER K, RIESER M, et al. Agent-based simulation of travel demand: structure and computational performance of MATSim-T[J]. Arbeitsberichte verkehrs- und Raumplanung, 2008, 504.

[74] BEKHOR S, DOBLER C, AXHAUSEN K W. Integration of Activity-Based with Agent-Based Models: an Example from the Tel Aviv Model and MATSim[C]. Transportation Research Board 90th Annual Meting, 2011.

[75] MACIEJEWSKI M, NAGEL K. Towards Multi-Agent Simulation of the Dynamic Vehicle Routing Problem in MATSim[C]//Parallel Processing and Applied Mathematics, Springer Berlin Heidelberg, 2012: 551-560.

[76] NOVOSEL T, PERKOVIĆ L, BAN M, et al. Agent based modelling and energy planning-Utilization of MATSim for transport energy demand modelling. [J]. Energy, 2015, 92:466-475.

[77] W AXHAUSEN K, HORNI A, NAGEL K. The multi-agent transport simulation MATSim [M]. London: Ubiquity Press, 2016.

[78] FLAVIO P. Public Transit Mapping on Multi-Modal Networks in MATSim [D]: ETH Zwrich, 2016.

[79] BASSOLAS A, RAMASCO J J, HERRANZ R, et al. Mobile phone records to feed activity-based travel demand models: MATSim for studying a cordon toll policy in Barcelona [J]. Transportation Research Part A: Policy and Practice, 2019, 121:56-74.

[80] AXNAVSEN W K, HORNIA, NAGEL K. The multi-agent transport simulation NATSim [M]. Ubiqurty Press, 2016.

[81] GAO W, BALMER M, MILLER E. Comparison of MATSim and EMME/2 on Greater Toronto and Hamilton Area Network, Canada [J]. Transportation Research Record Journal of the Transportation Research Board, 2010, 2197(1):118-128.

[82] VO K D, LAM W H K, CHEN A, et al. A household optimum utility approach for modeling joint activity-travel choices in congested road networks [J]. Transportation Research Part B: Methodological, 2020, 134: 93-125.

[83] LIAO F X, ARENTZE T, TIMMERMANS H. Supernetwork Approach for Multimodal and Multiactivity Travel Planning [J]. Transportation Research Record Journal of the Transportation Research Board, 2010, 2175(1):38-46.

[84] LIAO F X. Modeling duration choice in space-time multi-state supernetworks for individual activity-travel scheduling [J]. Transportation Research Part C: Emerging Technologies, 2016, 69:16-35.

[85] XU M, LAM W H K, GAO Z Y, et al. An activity-based approach for optimisation of land use and transportation network development [J]. Transportmetrica B: Transport Dynamics, 2016, 4(2):111-134.

[86] LIU P, LIAO F X, HUANG H J, et al. Dynamic activity-travel assignment in multi-state supernetworks [J]. Transportation Research Part B: Methodological, 2015, 81: 656-671.

[87] HAN K, GAYAH V V, PICCOLI B, et al. On the continuum approximation of the on-and-off signal control on dynamic traffic networks [J]. Transportation Research Part B: Methodological, 2014, 61: 73-97.

[88] YASMIN F, MORENCY C, ROORDA M J. Macro-, meso-, and micro-level validation of an activity-based travel demand model [J]. Transportmetric A: Trasport Science, 2016, 13(3): 222 - 249.

[89] LIU P, LIAO F, TIAN Q, et al. Day-to-day needs-based activity-travel dynamics and equilibria in multi-state supernetworks [J]. Transportation Research Procedia, 2019, 38: 503 - 523.

[90] LONG J C, HUANG H J, GAO Z Y. Discretised route travel time models based on cumulative flows [J]. Journal of Advanced Transportation, 2013, 47(1):105 - 125.

[91] EHSANI M, AHMADI A, FADAI D. Modeling of vehicle fuel consumption and carbon dioxide emission in road transport [J]. Renewable and Sustainable Energy Reviews, 2016, 53:1638 - 1648.

[92] AHN K, RAKHA H, TRANI A, et al. Estimating Vehicle Fuel Consumption and Emissions Based on Instantaneous Speed and Acceleration Levels [J]. Journal of Transportation Engineering, 2002, 128(2): 182 - 190.

[93] WANG D, LIAO F, GAO Z, et al. Tolerance-based column generation for boundedly rational dynamic activity-travel assignment in large-scale networks [J]. Transportation Research Part E: Logistics and Transportation Review, 2020, 141: 102034.

[94] WANG D, LIAO F. Formulation and solution for calibrating boundedly rational activity-travel assignment: An exploratory study[J]. Communications in Transportation Research, 2023, 3: 100092.

[95] ZHANG D, NAGURNEY A. Formulation, stability, and computation of traffic network equilibria as projected dynamical systems [J]. Journal of Optimization Theory and Applications, 1997, 93(2):417 - 444.

[96] HUANG H J, LAM W H K. Modeling and solving the dynamic user equilibrium route and departure time choice problem in network with queues [J]. Transportation Research Part B: Methodological, 2002, 36(3):253 - 273.

[97] LO H K, SZETO W Y. A cell-based variational inequality formulation of the dynamic user optimal assignment problem [J]. Transportation Research Part B: Methodological, 2002, 36(5): 421 - 443.

[98] HAN K, SZETO W Y, FRIESZ T L. Formulation, existence, and computation of boundedly rational dynamic user equilibrium with fixed or endogenous user tolerance [J]. Transportation Research Part B: Methodological, 2015, 79:16 - 49.

[99] LONG J C, GAO Z Y, SZETO W Y. Discretised link travel time models based on

cumulative flows: Formulations and properties[J]. Transportation Research Part B: Methodological, 2011, 45(1):232-254.

[100] VICKREY W S. Congestion theory and transport investment[J]. The American Economic Association, 1969, 59(2). 251-260.

[101] KATOCH S, CHAUHAN S S, KUMAR V. A review on genetic algorithm: past, present, and future[J]. Multimedia Tools and Applications, 2021, 80(4): 8091-8126.

[102] GAO Z Y, WU J J, SUN H J. Solution algorithm for the bi-level discrete network design problem[J]. Transportation Research Part B: Methodological, 2005, 39(6):479-495.

[103] FARAHANI R Z, MIANDOABCHI E, SZETO W Y, et al. A review of urban transportation network design problems[J]. European Journal of Operational Research, 2013, 229(2):281-302.

[104] WANG D Z W, LIU H, SZETO W Y. A novel discrete network design problem formulation and its global optimization solution algorithm[J]. Transportation Research Part E: Logistics and Transportation Review, 2015, 79: 213-230.

[105] WANG Y, LIU H X, FAN Y C, et al. Large-scale multimodal transportation network models and algorithms-Part II: Network capacity and network design problem[J]. Transportation Research Part E: Logistics and Transportation Review, 2022, 167: 102918.

[106] LIU H X, SZETO W Y, LONG J C. Bike network design problem with a path-size logit-based equilibrium constraint: Formulation, global optimization, and matheuristic[J]. Transportation Research Part E: Logistics and Transportation Review, 2019, 127: 284-307.

[107] FU X, WU Y Q, HUANG D, et al. An activity-based model for transit network design and activity location planning in a three-party game framework[J]. Transportation Research Part E: Logistics and Transportation Review, 2022, 168: 102939.

[108] WANG D Z W, LO H K. Global optimum of the linearized network design problem with equilibrium flows[J]. Transportation Research Part B: Methodological, 2010, 44(4): 482-492.

[109] 刘灿齐.交通网络设计问题的模型与算法的研究[J].公路交通科技,2003,20(2):57-62,67.

[110] 聂伟,邵春福,杨励雅,等.混合交通网络设计的双层模型及遗传算法求解[J].土木工程学报,2007,40(8):90-93.

[111] ÖZCAN U. Balancing stochastic parallel assembly lines[J]. Computers and Operations

Research, 2018, 99: 109 - 122.

[112] 王永洁. 就业形态与平台劳动者工作满意度研究[J]. 劳动经济研究, 2022, 10(1): 115 - 138.

[113] SIFRINGER B, LURKIN V, ALAHI A. Enhancing discrete choice models with representation learning [J]. Transportation Research Part B: Methodological, 2020, 140: 236 - 261.

[114] WONG M, FAROOQ B. ResLogit: A residual neural network logit model for data-driven choice modelling [J]. Transportation Research Part C: Emerging Technologies, 2021, 126: 103050.